이야기가 있는 경북 한옥 예향

추천사

한옥은 한국 고유의 문화이자 전통이다. 특히 『이야기가 있는 경북한옥여행』 에서는 경북한옥에 깃든 정신과 사연을 보다 자세하게 끌고 와 독자를 사로잡을 것이 기대된다. 여행을 떠나고자 하는 이는 물론이고, 일상에서의 휴식이 절실한 이에게도 실로 큰 도움이 될 것이다. 여행에 필요한 숙박정보와 체험프로그램, 주변의 맛집과 여행코스, 찾아가는 길 등을 세세하게 다루고 있으며, 그곳에서 무엇을 볼 수 있고 또 무엇을 더듬어야 할 지 미리 다양한 정보를 제공해준다. 애정이 담긴 여행자의 시선에서 바라본 숨은 공간들을 만나는 재미도 쏠쏠하다. 방안에 가지런히 정돈된 베개와 이불, 옛 가구와 물건들, 마루에 놓인 말린 고추와 댓돌 위의 고무신. 부엌 아궁이와 옹기. 그리고 세월이 묻어나는 현판과 문창살, 문고리까지. 그 자체가 풍경인 이 모든 것들이 생생한 사진으로 펼쳐져 있으며, 꽃과 나무, 산과 물이 품은 그 고유의 색들이 보는 이의 눈과 마음을 평화로이 해준다. 보는 것만으로 쉬고 있다는 느낌이 들었다.

담장을 넘고 우물을 넘어, 경북한옥과 마주한 순간들. 그곳의 숨은 이야기를 재생시키는 것은 더 이상 어렵지 않다. 다만 아쉬움이 따를 뿐이다. 직접 보고, 체험하고 싶다는 생각에서이다. 공간의 더 많은 이야기는 그곳에 서서 듣고 싶다. 거기서 하룻밤 묵으며, 골목 사이사이의 길을 걸어보고 싶다. 과거와 현재가 어우러진, 소박하지만 멋스러운 한옥의 매력이 다시금 흥미롭다.

이야기가 있는 경북한옥여행을 통하여 한국의 한옥, 특히 경북의 한옥을 살펴보면서 그곳을 지키는 지금의 후손들과 그곳에 다녀가는 수많은 관광객들이야말로 한국의 소중한 한옥을 보존하며 전통문화를 이어가는 대단한 사람들이란 생각이 들었다. 또한 이 책이 역사를 잇는 길의 귀한 자료가 되길 바라며, 책을 읽는 독자 역시 단순한 독서에 그치는 것이 아니라 언젠가 그곳에 들러 살아있는 옛 숨결을 느낄 수 있길 고대한다. 더불어 일본과는 또 다른 매력이 있었던 한국의 전통 한옥을 만나며, 마찬가지로 한국과는 또 다른 매력이 있는 일본의 전통건축도 떠올랐음을 말하고 싶다. 일본 역시 이같은 귀중한 체험의 현장이 곳곳에 많이 있으니 한국 사람들이 일본관광에도 더없이 따뜻한 관심을 가져주길 기원한다.

2012년의 새 봄을 기다리며...

일본정부관광국(Japan National Tourism Organization: JNTO)

한국사무소장 鄭 然 凡

Contents

경주 양동 향단 11p

경주 종오정 23p

경주 월암재 31p

경주 서악서원 41p

안동 농암종택 53p

안동 군자마을 65p

안동 지례예술촌 75p

안동 묵계서원 85p

안동 치암고택 95p

안동 옥연정사 107p

안동 임청각 117p

안동 북촌댁 127p

영주 만죽재고택 139p

영주 김뢰진 가옥 147p

영주 괴헌고택 157p

문경 지취헌고택 169p

경산 난포고택	181p
군위 상매댁(남천고택)	193p
의성 운초당	205p
청송 송소고택	217p
청송 서벽고택	227p
청송 청운동 성천댁	237p
영양 석계종택	249p
영양 병암고택	259p
영덕 우계종택	271p
청도 선암서원	283p
고령 화산재 · 추우재	293p
성주 사우당종택	305p
예천 사괴당고택	319p
봉화 해헌고택	331p
봉화 권진사댁(성암고택)	341p
봉화 만산고택	351p

이야기가 있는

경북 한옥 여행

경주慶州

경주 양동 향단

회재의 효성과 농재의 우애로 완성된 공간

경주 양동 향단(보물 제412호, 이하 향단)은 회재 이언적과 농재 이언괄 형제의 효성과 우애 이야기가 전해지는 공간이다. 그중 대표적인 이야기는 노모의 건강을 걱정해 관직에서 물러나는 이언적의 효성에 감복한 중종이 그 어머니의 병환을 돌볼 수 있도록 특별히 배려하여 지어준 집이라는 것. 산비탈을 따라 지어진 집의 모양새와 더불어 관직에 나서는 형을 위해 스스로의 입신을 마다하고 노모를 봉양한 농재의 우애가 돋보이는 곳이다.

글과 사진 _ 정철훈

1

회재와 농재의 애틋한 우애

향단은 1540년경에 지어졌다. 하지만 1547년 을사사화의 여파로 일어난 양재역 벽서사건으로 이언적은 평안도 강계로 유배를 떠나게 된다. 집을 짓고 불과 7년 만의 일이다.

유배지로 떠나기 전 이언적은 동생 이언괄에게 집을 물려주며 노모를 부탁했다. 당시 이언괄은 송라도 찰방으로 관직생활을 하고 있었지만 형인 이언적의 부탁에 한 치의 망설임 없이 자신의 모든 입신을 포기하고 향단으로 돌아왔다. 성품이 워낙 어질고 조용한 그이기도 했지만 형제간의 우애가 남달랐기에 가능한

1. 행랑채와 본채는 단 차이로 구분된다. 2. 향단 사랑채 대청 3. 가양주를 담는 옹기 4. 향단 안채 안마당

일이었다. 하지만 이언적이 유배를 떠나고 1년 만에 노모는 세상을 뜨고 말았다. 이언괄은 유배지에 있는 형을 대신해 모친의 3년 상을 극진히 치렀다. 그리고 1년 뒤인 1552년 6월, 강계로 형을 만나러 갔다. 3년 상을 치르면서 몸이 쇠할 대로 쇠한 이언괄에게 꼬박 두 달이 걸리는 강계까지의 길은 멀고도 험한 여정이었다. 주변에서는 그의 건강을 염려해 만류하기도 했지만, 이언괄의 결심은 단호했다. 아마도 자신에게 주어진 시간이 얼마 남지 않았음을 직감하고 있었는지도 모를 일이다. 두 형제의 마지막 만남은 그렇게 이뤄졌다. 꼬박 두 달을 걸어 강계에 도착한 이언괄은 그리도 그리워하던 형과 60일을 함께 보내고 다시 고향으로 돌아와야 했다. 강계의 추운 날씨에 동생의 몸이 상할까 걱정한 이언적의 권유 때문이었다.

1552년 12월, 고향으로 돌아온 이언괄은 이듬해 정월 초하루에 세상을 떠났다. 이언괄의 죽음에 누구보다 슬퍼한 이는 다름 아닌 이언적이었다. 동생과 헤어진 지 불과 6개월, 그토록 사랑하는 동생의 부음을 전해들은 이언적의 슬픔은 그가 동생을 위해 쓴 제문에 고스란히 담겨있다.

5

6

7

'바라건대 우리 형제 세세생생 형제 되어 이생에서 못다 한 인연을 내생에서 다시 맺어 이별 없이 살아보자. 원통할 손 이 사람아 아는가 모르는가, 들리기나 하는가, 아 슬프고 또 슬퍼라'

유배를 떠나와 모친에 효를 다하지 못했다는 자책 때문이었을까, 아니면 그토록 사랑하고 그리워하던 동생의 죽음 때문이었을까. 이언적은 동생이 세상을 떠난 그 해 11월 23일 향년 62세의 나이로 생을 마감했다. 500년이 지난 지금까지도 여강 이씨 집안에서 우애를 최고의 덕목으로 꼽는 이유는 이같은 이언적·이언괄 형제의 깊은 우애에 바탕을 두고 있다.

5. 'ㅁ'자형으로 이뤄진 안마당
6. 사랑채에서는 안채 안방이 바로 바라다 보인다.
7. 세월의 흔적이 남아있는 대청 원주기둥
8. 대문과 사랑채를 잇는 계단

500년을 이어온 향단

향단은 본디 99칸으로 지어진 대저택이었지만 임진왜란과 한국전쟁을 거치면서 많은 부분이 소실되거나 헐려 지금은 55칸만이 남아있다. 향단은 크게 하위영역과 상위영역으로 나뉜다. 9칸짜리 행랑채가 위치한 하위영역과 사랑채·안채로 이뤄진 상위영역은 단 차이를 통해 경계가 구분된다. 상위영역은 다시 사랑채와 안채, 그리고 안채와 노천으로 나뉘는데, 각각의 공간마다 중정(中庭)이 자리해 있다. 안채 앞 중정은 안마당으로, 뒤쪽 중정은 찬간을 겸한 부엌의 역할을 한다. 안채 앞 안마당은 향단에서 가장 에너지가 강한 곳으로 알려져 있다. 그래서 향단가 사람들은 지금도 술을 담그면 이곳 안마당에 술독을 두고 술이 익기를 기다린다.

사랑채는 대청을 중심으로 좌우에 온돌방을 배치했고, 대청 뒤로 툇간을 마련해 좌우에 있는 방에서 안채로 드나들 수 있도록 했다. 사랑채 전면은 네 개의 원주기둥이 받치고 있다. 500년을 꿋꿋이 버텨온 이들 기둥은 안과 밖의 질감이 사뭇 다르다. 오랜 세월 비바람에 깎여 거칠어진 바깥쪽과 달리 안쪽은 반질반질 윤이 난다. 대청 기둥에 손을 짚고 맞은편 성주산을 바라보면 마치 500년의 시

간을 거슬러 오른 듯 마음이 편안해짐을 느끼게 된다. 대청 마당에는 올해 7월에 새로 심은 향나무가 자리해 있다. 본래는 향단과 역사를 같이한 수령 500년의 향나무가 있던 자리인데, 2005년 9월 태풍 나비에 의해 나무가 고사하는 바람에 이를 대신하기 위해 울릉도에서 공수해와 심은 것이다. 향나무는 향단가의 상징목이기도 하다.

안채는 사랑채 뒤에 자리해 있다. 중문간 좌측에 안대청을 두고 좌측 모서리에 두 개의 온돌방을 둔 구조이다. 이 중 사랑채와 마주하고 있는 곳이 안채 큰방이다. 이언적, 이언괄 형제의 노모가 기거했던 공간이라 전해지는 이 방은 사랑채 대청뿐 아니라 사랑채 양쪽 어느 방에서도 바라다 보인다. 이는 언제 어디서나 노모의 모습을 살피려는 두 형제의 효성이 집 설계에 반영된 것이라고. 안대청은 사랑채 쪽에 내외 구분을 위해 창호가 달린 벽체를 세운 것 외에는 앞뒤 모두 개방된 공간으로 이뤄져 있다.

참고 _ 심우회 자료, 회재 이언적 • 농재 이언괄 형제 그리고 향단

9. 복원한 새사랑과 마당
10. 향단 사랑채 대청
11. 행랑채에서 바라본 모습
12. 향단 안채 큰방
13. 향단 안채 안마당

향단 여행수첩

주소 : 경상북도 경주시 강동면 양동리 135

전화 : 010-6689-3575　　　　　홈페이지 : cafe.invil.org/hyangdan

향단에서는 사랑채 안방과 안채 큰방 그리고 작은 사랑채 등에서 숙박이 가능하다. 화장실과 세면장은 별도로 마련돼 있으나, 주방시설이 없어 개별 취사는 불가하다. 향단에선 다양한 전통 체험을 통해 사대부가의 예절을 배울 수 있다. 그중에서도 주안상 체험은 향단가에서 전해오는 문어숙회, 전복장조림에 가양주를 맛볼 수 있는 기회. 이외에도 양반 예절, 목판체험 등 다양한 체험프로그램이 준비돼 있다. 숙박비용은 매실 50만원, 난실 30만원, 국실 15만원, 죽실 10만원. 주안상 체험은 1인당 5만원이다.

14. 찬간과 부엌으로 이뤄진 안채 뒷 공간
15. 향단 사랑채 안방

찾아가는 길

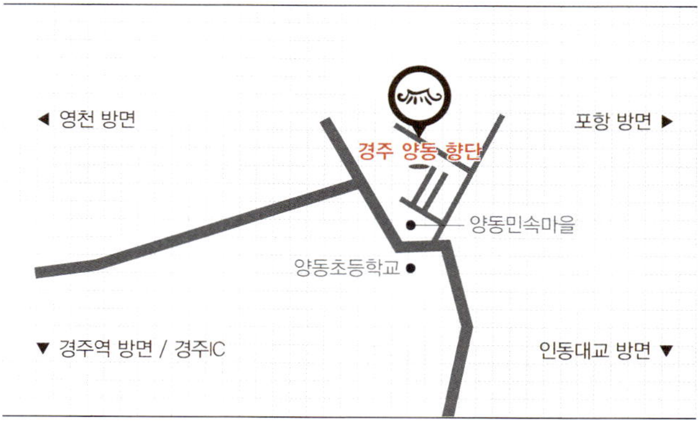

경부고속도로 경주IC에서 빠져나와 시내 길을 지나 경주역까지 진행한다. 경주역 앞 팔우정 삼거리에서 포항 · 경주시청 방면으로 좌회전한 뒤, 7번 국도를 타고 16km 진행. 강동IC에서 영천 · 안강방면 우측방향으로 빠져나와 양동마을 이정표를 따라 1km 남짓 가면 양동마을이 나온다. 양동마을 입구 주차장에서 11시 방향으로 보이는 건물이 향단이다.

17. 안채 대청

다른 잠자리

양동마을 내에는 고택에서 하룻밤 묵어갈 수 있는 곳이 여럿 있다. 그중 대표적인 곳이 우향다옥(054-762-8096). 이곳은 양동마을의 대표 가양주인 송곡주를 80년째 빚어 오는 곳이기도 하다. 이외에도 남산댁(054-762-4418), 심수정 별채(054-762-4436), 매산고택(054-763-5263) 등에서 고택숙박이 가능하다.

맛있는 집

양동마을 내 몇몇 가구에서는 관광객을 위해 식사를 제공한다. 화려한 식단은 아니지만 600년을 이어온 양반마을의 식탁을 경험해 볼 수 있다. 양동마을에서 식사가 가능한 곳으로는 우향다옥(054-762-8096), 거림골 먹거리체험(054-762-4201), 오동나무집(054-762-4202) 등이 있다.

여행코스

1 양동마을　2 옥산서원　3 독락당　4 경주 정혜사지 13층 석탑

1 양동마을

월성(경주) 손씨와 여강(여주) 이씨의 집성촌인 양동마을은 600년을 지켜온 세월만큼 많은 고택과 국가지정 문화재를 품고 있는 곳이기도 하다. 지난 2010년 7월 31일에 유네스코 세계문화유산으로 등재되기도 한 이곳에는 향단(보물 제412호), 무첨당(보물 제411호), 관가정(보물 제442호), 서백당(중요민속자료 제23호) 등 많은 문화유산이 남아있는데, 이들 모두는 임진왜란 이전에 지어진 것들이다. 이외에도 양동마을에는 마을에서 가장 큰 정자인 심수정과 경산서당 등 150여 채에 이르는 조선시대 가옥이 남아있다.

2 옥산서원

경주 옥산서원(사적 제154호)은 회재 이언적 선생의 위패를 모신 서원이다. 도산서원, 병산서원, 소수서원, 도동서원과 함께 5대 서원으로 꼽히는 옥산서원은 선조 5년(1572) 사당을 세운 뒤에 건립되고, 다음해 12월에 경상 감사가 조정에 사액을 청하여 사액서원이 되었다. 조선후기까지 영남사림의 중추 역할을 한 옥산서원의 구인당에 걸린 편액은 추사 김정희가 쓴 글이다.

3 독락당

경주 독락당(보물 제413호)은 회재 이언적 선생이 살았던 집의 사랑채이다. 이언적 선생이 벼슬을 그만두고 고향에 돌아온 뒤 거처했던 이곳은 조선 중종 11년(1516)에 지은 건물로, 독락당에서 특히 시선을 끄는 건 독락당의 별채인 계정이다. 계정의 가장 큰 매력은 자연과의 어우러짐에서 찾을 수 있는데, 우리네 옛 건물의 특징이 '어떻게 지었느냐'보다는 '얼마나 주변과 잘 어울리느냐'에 있다는 점을 감안하면 계정은 그 극치를 보여주는 건물이라 해도 과언이 아니다.

4 경주 정혜사지 13층 석탑

국보 제40호인 경주 정혜사지 13층 석탑은 흙으로 쌓은 1단 기단 위에 5.9m 높이로 13층의 몸돌을 올린 모습을 하고 있다. 1층 탑 몸돌이 거대한 것에 비해 2층부터는 몸돌과 지붕돌 모두가 급격히 작아져 2층 이상은 마치 1층탑 위에 덧붙여진 머리장식처럼 보인다. 정혜사지 13층 석탑은 통일신라시대 9세기에 세워졌을 것으로 추측되며 13층이라는 보기 드문 층수에 기단부 역시 일반적인 양식에서 벗어나 당시의 석탑 연구에 귀중한 자료가 되고 있다.

경주 종오정

문과 효가 빚어낸
아름다운 공간

종오정은 조선 영조 때 학자인 문효공 최치덕의 유적지에 있는 정자다. 이곳에는 종오정 외에도 귀산서사, 일성재, 연당, 진덕묘 등이 남아있는데, 이들 모두를 가리켜 종오정 일원(경상북도 기념물 제85호)이라 한다. 종오정 일원은 강학을 위해 조성한 공간이지만 그 조성 배경과 형식에 있어서는 서원과 많은 차이를 보인다.

글과 사진 _ 정철훈

문과 효를 중시한 최치덕의 삶

문효공 최치덕은 평생을 학문에만 전념한 조선 영조 때 학자다. 손덕승 문하에서 수학한 최치덕은 12세에 칠서(七書)를 모두 읽었고, 20세에 학문을 이뤄 많은 시장(試場)에 잇달아 수석으로 이름을 올렸다. 하지만 단 한 번도 과거에 응시한 적은 없다. 대신 활발한 저술활동을 통해 '역대시도통인(歷代詩道統引)', '심경집(心經集)', '몽설(蒙設)', '박의정선(博議精選)' 등 많은 저서를 남겼다.

저술활동과 함께 후학양성에도 힘을 아끼지 않았는데, 그의 문하생 가운데 등과해 벼슬에 오른 사람이 10여 명이었고, 학업을 성취한 사람도 70여 명에 이

1. 종오정 외삼문인 율수문 2. 측백나무와 석조물 3. 종오정 내부 4. 종오정

른다고 하니 그의 학문의 깊이와 후학에 들인 정성이 어느 정도였는지를 미뤄 짐작 할만하다. 최치덕은 뛰어난 학문만큼 지극한 효성으로도 존경 받았던 인물이다. 그는 늘 자식들에게 "들어오면 어버이에 효도하고 나가면 어른들에 공경하는 것이 수신제가의 근본이며, 만약 너희들이 어버이에게 효도하고 형제간에 우애를 다한다면 비록 배움이 없다 하여도 학문이란 그 가운데 있다"고 일렀을 뿐 아니라 스스로도 부모 봉양에 한 치의 소홀함이 없었다.

부모가 병으로 누워있을 때는 의대도 풀지 않고 잠자리에 들었고, 영조 21년(1745) 부친이 사망하자 3년 동안 곡을 끊지 않았음은 물론 상사(喪事)가 아니면 문밖으로 나가지도 않았다. 3년 상을 치룬 뒤에도 "효자의 마음이 종신토록 부모를 추모하는 것인데, 하필 3년만 여묘(廬墓)를 하겠는가"라며 부친의 묘 오른쪽에 일성재를 짓고 아침저녁으로 성묘했다.

최치덕의 깊은 학문과 효성은 조정에까지 알려져 사후 3년 뒤인 1773년(영조 49)에 호조참판(戶曹參判)에 추증되기도 했다.

우리나라 대표 정원 유적지, 연당

종오정 일원의 건립은 최치덕이 부모에 제사 지내기 위해 지은 일성재에서 시작됐다. 최치덕이 일성재에 머문다는 소식을 전해들은 많은 문인들이 그에게 학문을 배우기 위해 모여든 것이다. 학문하는 이들이 모였으니 강학당과 숙사(宿舍)가 필요했고, 그렇게 지어진 것이 귀산서사와 종오정이다.

귀산서사는 1746년에, 종오정은 귀산서사보다 1년 늦은 1747년에 건립됐다. 귀산서사는 애초 손곡서당 혹은 모고암으로 불렸으나, 1928년 지금의 이름으로 바뀌었다. 일성재와 서산귀사, 종오정 등은 얕은 담으로 구분되고, 이 두 공간은 외삼문인 율수문으로 이어진다. 율수문 좌측은 연당이 담을 대신하고 있다. 연당은 종오정을 이야기하면서 빼놓을 수 없는 곳.

5. 종오정 앞 연당　6 ~ 7. 귀산서사

우리나라 대표 정원유적이기도 한 종오정은 여름이면 연꽃이 만발해 그야말로 장관을 이룬다. 하지만 이곳 연당은 연못에 피는 연꽃의 수려한 자태보다도, 정신을 아득하게 만드는 짙은 연꽃향보다도 지역민을 생각하는 애민(愛民)정신을 담고 있어 더욱 아름다운 공간이다.

연당은 단순히 관상용이 아니라 필요에 따라 남쪽 낮은 지역 논에 물을 댈 수 있는 관개 저수로서의 역할도 염두에 두고 조성된 공간이기 때문이다. 연못 하나를 조성함에 있어서도 아름다움과 실용성을 두루 고민했던 우리 선조의 지혜가 엿보이는 공간이 아닐 수 없다.

연당 주위로는 배롱나무를 포함한 다양한 나무가 심어져 있는데, 그중에서 종오정 우측에 있는 측백나무의 자태가 예사롭지 않다. 수령이 250년에 이르는 이 측백나무는 최치덕이 심은 것으로 알려져 있다. 원래는 좌우에 한 그루씩 있었지만 현재는 좌측의 측백나무만 옛 모습을 간직하고 있다.

8

9

위계질서를 중시한 건축양식

율수문을 통해 안으로 들어서면 정면에 귀산서사가 자리해 있고 그 좌측에 종오정이 위치한다. 종오정 뒤로는 최치덕의 위패를 모신 진덕묘가 있다. 진덕묘는 1594년에 건립된 것이다. 귀산서사는 본디 서당으로 지어진 건물이고 보니 여느 서원의 강학당보다는 규모가 작고 모양도 소박하다.

일반 서원의 강학당이 5칸으로 이뤄진 것에 반해 귀산서사는 4칸 규모이며 중앙 2칸의 우물마루 양측에 온돌방을 둔 형태이다. 지붕도 간결한 맞배지붕으로 마무리했다. 종오정은 서사귀사와 같은 4칸 규모로 팔작지붕으로 마무리되었다. 위에서 보았을 때 지붕 평면이 공(工)자 모양을 하고 있다.

종오정에 사용된 석재도 흥미롭다. 많은 것이 폐사지에서 가져온 것이라 한다. 대표적인 것이 조경용으로 사용된 종오정 앞 석수조와 복련 모양이 새겨진 석등 받침대이다. 유학을 배우고 가르치는 서당의 정원에 불가의 석탑 일부가 조형물로 사용되었다는 것이 어색하지만 한편으로는 묘하게 어우러진다는 느낌이 들기도 한다. 이외에도 종오정의 기단에는 석탑 기단부에 사용했던 석재인 듯 우주(隅柱)와 탱주(撑柱)의 모습이 새겨진 석재도 남아있다.

참고 _ 문효공 최치덕 신도비 전문

8 ~ 9. 귀산서사 10. 일성재 11. 진덕묘

종오정 여행수첩

주소 : 경상북도 경주시 손곡동 375

전화 : 054-774-1950(신라문화원) 홈페이지 : www.gjgotaek.kr

종오정 일원에서 숙박이 가능한 공간은 종오정, 귀산서원, 일성재 등 4곳이다. 숙박인원은 4인 기준이며 최대 8~10인까지 숙박이 가능하다. 숙박비용은 10~12만원, 기준인원 초과 시 1인당 1만원의 추가비용을 부담해야 한다. 종오정 일원에는 화장실과 세면시설이 별도로 마련돼 있지만, 주방시설이 없어 취사는 불가하다.

찾아가는 길

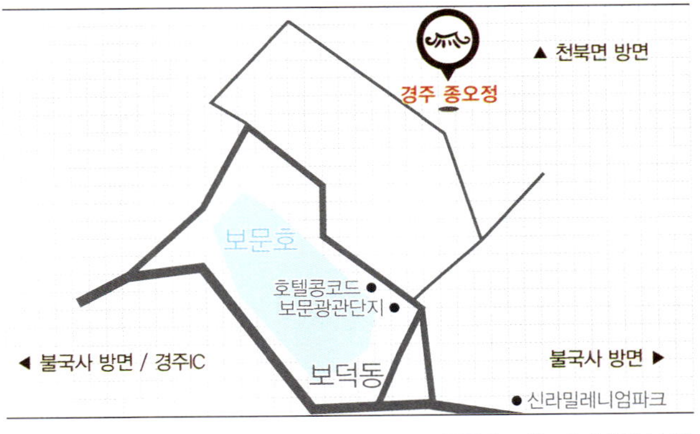

경부고속도로 경주IC에서 직진해 구황교사거리까지 진행한다. 구황교사거리에서 보문관광단지 방면으로 우회전한 뒤 보문단지 내 경북관광개발공사 삼거리에서 좌회전한다. 암곡동과 천북면으로 갈라지는 삼거리에서 다시 천북면(손곡동) 방향으로 좌회전하면 손곡동 마을 입구에 종오정 일원 표지판이 있다.

경주 월암재

충과 효를 다시 생각하게 되는 그곳

월암재는 조선 중기의 무신 김호 장군의 공덕을 기리기 위해 지은 재실이다. 김호 장군은 임진왜란 당시 예순의 나이로 의병장이 돼 많은 전공을 세운 인물로, 그의 호가 월암이다. 400여 년의 역사를 간직한 월암재는 세월의 무게만큼 중후한 멋을 간직하고 있다. 월암재 마당에 서서 드넓은 들녘을 바라보면 그 옛날 왜군에 맞서 용맹을 떨치던 김호 장군의 모습이 눈앞에 아른거리는 듯하다.

글과 사진 _ 정철훈

1

의병도대장 김호 장군의 충절

김호는 선조 3년(1570) 무과에 급제한 뒤 훈련원봉사를 마지막으로 관직에서 물러났다. 하지만 무인으로서 그의 삶은 그게 끝이 아니었다. 20여 년에 걸친 관직생활을 마감하고 낙향한 이듬해 임진왜란이 발발한 것이다. 김호는 당시 경상도에 초유사로 파견된 김성일에 의해 의병도대장으로 임명되었다.

평생을 무인으로 살았던 그에게 다시 한번 나라에 충성할 기회가 찾아온 것이다. 당시 김호의 나이는 예순. 적지 않은 나이였지만 다시 칼을 든 노장은 경주 부근의 각 군현을 돌며 민심을 살피고, 의병을 모아 군사훈련을 시켰다.

1. 월암재 툇마루 2. 월암재 아궁이 3. 월암재 현판 4. 월암재 내부

훈련 중에도 기회가 주어지면 수시로 적진을 공격해 전곡과 전천 등에서 많은 전과를 올려 부산첨사로 제수되기도 했다. 노곡전투는 김호 장군의 업적을 얘기하면서 빼놓을 수 없는 전투다. 1400여 명의 의병을 이끌고 경주 노곡에서 적군과 맞붙은 김호와 그의 의병들은 적군의 북상을 저지하려다 언양에서 진격해온 500여 기의 왜군 기병에 역습을 당하고 만다. 하지만 용맹하기로 소문난 김호의 의병들은 죽기를 각오하고 전투에 임해 도망하는 적을 모두 섬멸하는 대승을 거뒀다. 노곡전투의 승리는 경주부까지 이어졌지만, 김호 장군은 노곡전투에서 입은 부상으로 끝내 전사하고 말았다. 김호 장군은 사후에 조정으로부터 그 공을 인정받아 사영산관에 증직됐으며, 영조 34년(1758)에는 형조참판에 추증되기도 했다.

김호 장군의 장남인 김이충에 얽힌 이야기도 애틋하다. 김호 장군에게는 3명의 아들이 있었는데, 둘째 김이현과 셋째 김이홍은 임란 당시 부친과 함께 의병으로 전장을 누볐다. 하지만 예빈시 주부로 왕을 호종하던 장남 김이충은 그럴 수가 없었다. 이를 늘 안타깝게 생각하던 그에게 어느 날, 부친의 전사 소식이

5

6

7

전해졌다. 김이충은 소식을 듣자마자 임금의 재가를 얻어 고향으로 돌아왔으나 아버지의 죽음을 슬퍼한 어머니 정씨까지 자진한 사실을 알게 되었다. 부친을 잃은 슬픔도 추스르기 전에 듣게 된 모친의 죽음에 김이충은 크게 슬퍼하였고, 몇날며칠 그렇게 가슴을 치며 애통해 하다 결국에는 그마저 절명하고 말았다.

나라의 부름에 다시 칼을 든 노장 김호의 충절과 부모에 대한 애틋한 김이충의 효성은 각박한 오늘을 살아가는 우리들에게 충과 효에 대해 많은 것을 생각하게 만드는 이야기가 아닐 수 없다.

5. 월암재 솔숲 6. 월암재 7. 투호 8. 월암재

전통과 편리가 공존하는 공간

울창한 송림 옆으로 단아한 모습의 월암재가 자리해 있다. 제법 높은 계단을 올라 월암재로 들어서면 팔작지붕이 멋스러운 월암재가 성큼 다가선다. 반듯한 댓돌과 세월이 비껴간 듯 산뜻한 기둥은 400여 년의 역사를 간직한 고택이라고는 믿기지 않을 정도로 정갈하다. 이는 2009년 (사)신라문화원이 고택체험을 위해 월암재의 내부와 외부를 깔끔히 정비한 덕이다.

월암재는 정면 5칸에 측면 2칸으로 이뤄진 '一'자형 구조다. 대청 앞으로 툇마루가 있고, 대청과 툇마루 사이는 4분합 들장지가 설치돼 있다. 장지를 처마까지 들어 올릴 수 있는 구조이다 보니, 장지를 올리고 내리는 것에 따라 대청의 분위기도 완전히 달라진다. 장지를 올리면 시원한 전망과 함께 탁 트인 개방감을 만끽할 수 있지만, 장지를 내리면 아늑하고 오붓한 분위기를 연출할 수 있다.

대청 양 옆으로는 2칸과 1칸짜리 방이 각각 위치해 있다. 장판을 곱게 깔아놓은 이들 방은 모두 전통 온돌방식으로 장작을 이용해 난방을 한다. 때문에 군불에 뜨끈하게 데워진 아랫목에 누워 망중한을 즐기는 호사도 누릴 수 있다.

고택이라고는 하지만 다양한 편의시설을 구비해 놓은 것도 월암재의 특징이다. 전통을 지키면서도 체험객의 편의를 고려한 세심한 배려가 아닐 수 없는데, 본채에는 인터넷이 가능한 컴퓨터와 에어컨이, 그리고 별채로 마련된 주방에는 전자렌지, 토스트기, 전기밥솥, 전기스토브, 냉장고, 식기 등이 꼼꼼히 마련돼 있다. 대신 주방시설 외에 다른 공간에서는 취사가 일절 허용되지 않는다. 온수시설을 갖춘 세면장은 간단히 샤워를 할 수 있을 정도로 여유롭고, 화장실은 세면장 옆에 별도로 위치해 있다.

9 ~ 10. 월암재

과거와 현재를 잇는 통로

월암재의 멋이 비단 예스러운 건물에만 있는 건 아니다. 고택의 멋을 제대로 즐기려면 무엇보다 마음의 여유가 필요하다. 자연을 닮은 우리 한옥의 매력은 천천히 걷듯 그렇게 여유를 가지고 둘러봐야 제대로 볼 수 있기 때문이다.

월암재에서는 우선 툇마루에 앉아 대문 틈으로 보이는 넓은 들판을 내다봐야 한다. 시원스레 펼쳐진 들판 뒤로 부드러운 곡선을 그리며 이어지는 능선들이 한 폭의 수묵화를 보는 듯하다. 아마도 지금 이 풍경은 예나 지금이나 크게 다르지 않을 터다. 그러고 보니 한옥은 과거와 현재를 잇는 통로와도 같은 존재가 아닐까 싶기도 하다. 대청에 누워 짧은 잠을 청해보는 것도 좋다.

등판으로 전해오는 서늘한 기운이며, 코끝으로 맡아져 오는 향긋한 나무향이 마음을 무척이나 편안하게 만들어 준다. 월암재를 감싸고 있는 송림도 놓칠 수 없다. 긴 산책로는 아니지만 월암재와 함께한 세월만큼이나 기품이 느껴지는 솔숲이다.

참고〈선조실록(宣祖實錄)〉, 〈연려실기술(燃藜室記述)〉, 〈영남인물고(嶺南人物考)〉

월암재 여행수첩

주소 : 경상북도 경주시 탑동 749-2
전화 : 054-774-1950(신라문화원)　　홈페이지 : www.gjgotaek.kr

방 2개와 대청으로 이뤄진 월암재는 한 채를 온전히 빌리는 방식으로 숙박이 이뤄진다. 2개의 방은 군불을 떼는 온돌방이다. 숙박비용은 4인 기준으로 주중에는 15만원, 주말에는 20만원이며, 성수기(7월 20일~8월 20일)에는 주중, 주말 상관없이 20만원이다. 최대 10인까지 사용가능하며 1인당 1만원의 추가비용을 부담해야 한다. 월암재에서는 식사를 제공하지 않는다. 대신 본채 옆에 있는 주방시설을 이용한 취사는 가능하다.

찾아가는 길

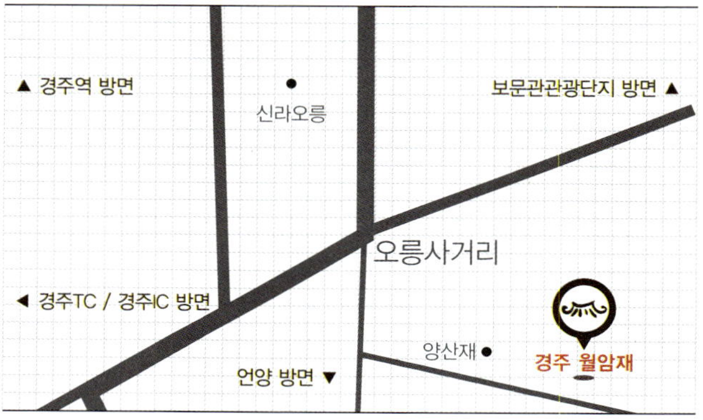

경부고속도로 경주IC에서 나와 나전교 삼거리를 지나 오릉사거리까지 2km 정도 직진한다. 오릉사거리에서 언양방면으로 우회전해 400m 정도 진행하다 나정입구에서 좌회전한다. 나정과 양산재를 지나면 우측에 월암재가 위치해 있다.

11. 월암재

西岳書院

경주 서악서원

신라시대 3대 성현의 정신이 깃들어 있는 곳

서악서원(경상북도 기념물 제19호)은 신라시대 성현인 김유신, 설총, 최치원의 위패를 모신 곳이다. 본디 선도산 아래 서악정사로 지어졌으나, 임진왜란 당시 불타 없어진 것을 이곳 터로 옮겨 1610년에 새로 지었다. 인조 1년(1623)에는 '서악(西岳)'이라는 사액을 받아 사액서원이 되었고, 흥선대원군의 서원 철폐령에도 훼철되지 않고 살아남은 47개 서원 중 하나이다.

글과 사진 _ 정철훈

I

김유신 · 설총 · 최치원의 위패를 모신 곳

서악서원의 건립은 1561년 경주부윤으로 있던 이정이 김유신을 기리기 위해 사당을 세우는 것에서 시작됐다. 이정에 의해 사당이 만들어진 후, 지방 유림들은 김유신과 함께 설총, 최치원도 함께 배향할 것을 제안했고, 유림의 뜻이 옳다 여긴 이정은 퇴계 이황과 상의한 끝에 1563년에 김유신, 설총, 최치원의 위패를 모신 사당을 선도산 아래 다시 세웠다.

이황은 이곳을 '서악정사(西岳精舍)'라 명하고, 직접 글씨를 써 현판을 달았다. 하지만 선도산 아래 있던 서악정사는 임진왜란 중에 전소되었다. 서악서원의 명맥이 이어진 건 임진왜란이 끝나고 2년이 지난 1600년의 일이다. 당시 경주

1 ~ 2. 영귀루 3 ~ 4. 서악서원

부윤이었던 이시발이 옛 서원 터에 초가를 짓고 위패를 봉안한 것이다. 초가의 형태로 남아있던 서악서원은 1610년 지금의 자리로 옮겨오면서 강학당과 사당 그리고 동·서재 등이 모두 새로 건립되었고, 1964년 영귀루가 중건되면서 지금의 모습을 갖추게 되었다.

1623년에는 최동언의 청원으로 인조로부터 '서악(西岳)'이라는 이름을 정식으로 하사받아 사액서원의 대열에 오르기도 했다. 초기 서악정사의 현판은 퇴계 이황이 쓴 것이었지만 현재 시습당에 걸려있는 현판 글씨는 인조 때 명필로 알려진 원진해가 쓴 것이다.

서악서원은 이후 흥선대원군의 서원철폐령 때도 안강의 옥산서원과 함께 훼철되지 않고 남은 경주지역 대표 서원 중 하나이다.

5

6

7

평지에 조성된 서악서원

서악서원은 경주시 서쪽에 있는 선도산을 주산(主山)으로 하는 산기슭 평지에 동향으로 자리해 있다. 서원 앞으로는 서천이 남에서 북으로 흘러가고 멀리 명활산이 조산(朝山)의 역할을 한다. 명당의 기본이 되는 전형적인 배산임수의 지형이다.

서악서원에는 시습당, 동·서재, 영귀루, 사당, 전사청, 비각 등의 건물이 남아 있다. 건물 배치는 외삼문과 사당을 잇는 중심축을 따라 영귀루, 시습당, 내삼문이 일직선상에 놓여있는 전형적인 서원 배치 형식을 보인다. 외삼문인 도동문을 통해 서원으로 들어서면 가장 먼저 영귀루가 보이고, 그 오른쪽에 1칸 규모의 부윤구암선생비각(府尹龜巖先生碑閣)이 자리해 있다. 영귀루는 정면 5칸, 측면 1칸의 맞배지붕을 한 누각이다. 영귀루에서 특이한 것은 하부를

5. 시습당 앞에 세워져 있는 정료대 6. 강학당인 시습당 내부
7. 시습당 대청 8. 동재 내부 9. 별채로 마련해 놓은 화장실과 세면장

지탱하는 기둥의 길이가 여느 서원의 그것보다 짧다는 것. 2층에 사용된 기둥과 비교해 봐도 그 길이가 절반정도밖에 되지 않는다. 때문에 영귀루 아래를 지나려면 허리를 최대한 굽혀야 하는 불편이 따를 수밖에 없다. 이는 건물 배치와 건축양식에서 위계를 따지다 보니 어쩔 수 없이 그리한 것이라 한다.

서원의 건물배치는 사당이 제일 안쪽에, 그리고 그 앞쪽에 강학당과 동·서재, 누각 등이 순차적으로 자리하고 있다. 산지에 자리한 서원은 경사를 따라 건물을 배치함으로써 건물의 위계를 표현했다고 한다. 그렇다면 평지의 서원은 어떻게 위계를 표시했을까? 그 답은 기단의 높이에서 찾을 수 있다. 기단의 높이를 다르게 해 건물 간의 높낮이 문제를 자연스럽게 해결할 수 있었다고.

10. 서재 문고리 11. 시습당 12. 동재

조선시대 서원 배치의 정형

영귀루에 올라서면 막힘없이 탁 트인 전망이 일품이다. 이곳에서는 서원은 물론 주변 마을까지 한눈에 담을 수 있다. 영귀루와 마주하고 있는 곳이 강학당인 시습당이다. 툇간이 설치돼 있는 시습당은 정면 5칸, 측면 3칸 규모의 팔작지붕 건물로 중앙 3칸의 우물마루를 기준으로 양쪽에 1칸짜리 온돌방이 각각 위치해 있다.

시습당 전면 양측에는 밤에 불을 밝힐 수 있는 정료대가 서있다. 동재와 서재는 시습당 앞에 마주보고 서있다. 동재는 정면 5칸, 측면 1칸의 맞배지붕 건물로 온돌방 2칸, 대청 1칸, 온돌방 1칸으로 구성되어 있으며, 서재 역시 동재와 같은 구조의 평면으로 이뤄져 있다. 사당은 강당 뒤 독립된 영역에 자리 잡고 있다. 사당은 정면 3칸, 측면 2칸의 맞배지붕 건물로, 전면에 툇간을 구성하지 않았다. 사당에는 김유신, 설총, 최치원의 위패가 모셔져 있으며, 사당 왼쪽으로는 제사 물품을 보관하던 전사청 건물이 남아있다.

참고 _ 영귀루 중건기 협서

12

서악서원 여행수첩

주소 : 경상북도 경주시 서악동 615

전화 : 054-774-1950(신라문화원) 홈페이지 : www.gjgotaek.kr

서악서원에서 숙박이 가능한 곳은 시습당과 동 · 서재에 있는 방 4곳이다. 1칸 혹은 2칸으로 이뤄진 방에는 최소 2명에서 최대 8명까지 숙박이 가능하다. 숙박비용은 3~5만원, 기준인원 초과 시 1인당 1만원의 추가비용을 지불해야 한다. 각각의 방에는 선풍기와 모기장 외에 별도의 시설은 준비된 게 없다. 서원 전체를 사용할 경우 30명까지도 숙박이 가능해 단체를 위한 공간으로도 손색이 없다. 화장실과 세면실은 별도로 마련돼 있으나, 주방시설이 없어 서원 내에서의 취사는 불가하다.

찾아가는 길

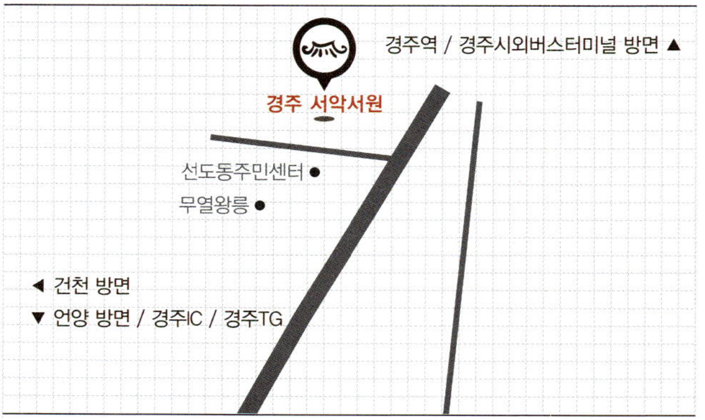

경부고속도로 경주IC에서 빠져나와 금성삼거리에서 좌회전해 경주시외버스터미널까지 진행한다. 터미널사거리에서 무열왕릉 방면으로 좌회전해 4번국도를 따라 1km 진행하면 도로변에 서악서원을 알리는 이정표가 나온다. 이곳에서 우회전하면 서악서원까지 200m가 채 되지 않는다.

다른 잠자리

경주 관광의 중심이라 할 수 있는 보문단지 내에는 경주현대호텔(054-748-2233), 힐튼호텔(054-745-7788) 등 고급 호텔이 자리해 있으며, 신라밀레니엄파크에는 한옥의 멋과 호텔의 고급스러움이 절묘하게 어우러진 국내 최초 한옥호텔인 라궁(054-778-2100)이 있다.

맛있는 집

경주시 황남동에 위치한 황남맷돌순두부(054-771-7171)는 직접 만든 두부로 얼큰한 순두부를 끓여내는 곳이다. 경주시 황오동의 팔우정해장국(054-742-6515)은 이귀록 할머니가 운영하는 곳이다. 이곳에서는 묵해장국, 선짓국, 추어탕 등을 맛볼 수 있다. 대릉원 주차장 인근 전통 경주할매쌈밥(054-743-0966)과 요석궁(054-772-3347) 한정식도 경주에서 맛으로 유명한 곳들이다.

여행코스

1 국립경주박물관　2 천마총　3 경주 선덕여왕릉　4 보문단지

1 국립경주박물관

경주일대에서 출토된 유물 10만 점을 소장하고 있으며, 2천 500여 점을 상설 전시하고 있다. 야외 전시관에는 에밀레종으로 알려진 성덕대왕신종과 석탑, 석불 등 석조물이 전시돼 있고, 실내 전시관에는 신라고분에서 출토된 유물과 안압지에서 나온 유물들을 만나볼 수 있다.

2 천마총

천마총은 거대한 고분들이 모여 있는 대릉원 공원 안에 자리해 있다. 대릉원에는 천마총 외에도 미추왕릉, 황남대총 등 23기의 고분이 있는데, 이들 고분 중 천마총이 특히 관심을 끄는 이유는 이곳에서 발굴된 천마도가 그려진 말다래와 금관 때문이다. 말다래는 말을 탄 사람의 옷에 진흙 등이 튀어 묻지 않도록 말의 배 양쪽에 대는 네모난 판을 가리키는데, 천마총에서 출토된 말다래에는 천마의 모습이 그려져 있다.

3 경주 선덕여왕릉

경주시 보문동에 있는 경주 선덕여왕릉은 사적 제182호로 사천왕사 위 낭산 자락에 위치해 있다. 선덕여왕은 아들이 없던 진평왕의 큰딸로 태어나 신라 최초의 여왕이 되었다. 재위 16년간 분황사와 첨성대, 황룡사구층목탑을 세웠고, 김춘추와 김유신을 거느리고 삼국통일의 기초를 닦았다. 능은 둘레 73m 정도인 원형 봉토분이며, 자연석을 이용해 봉분 아래 2단 보호석을 쌓은 것이 특징이다.

4 보문단지

아름다운 보문호를 중심으로 조성된 종합관광휴양지다. 경주현대호텔, 조선호텔, 힐튼호텔과 더불어 경주월드, 63홀 골프장, 신라밀레니엄파크 등 다양한 시설이 들어서 있다. 봄이면 벚꽃이 장관을 이루는 보문호 산책로는 가족 혹은 연인들이 산책을 하거나, 자전거를 빌려 타고 돌아보기에도 적당하다.

이야기가 있는 경북 한옥 예향

안동安東

안동 농암종택

심산계곡에서 만나는 농암의 효심

농암종택은 낙동강변에 고즈넉이 자리하고 있다. 그림 속에서 바로 나온 듯, 자연과 어우러진 고택의 풍경은 꽤나 아름답다. 그래서인지 이 집은 많은 사람들이 머물고 싶은 집으로 첫손에 꼽는다. 조정에서 물러나 강변의 집에서 세월을 낚았던 농암선생의 효심과 대를 이어 집을 지켜온 후손들의 정성스런 마음이 담긴 집에서의 하루가 편안한 까닭일 것이다.

글과 사진 _ 윤규식

부모를 공경하고 백성을 사랑했던 농암 이현보

농암 이현보는 임금에게는 직언을 서슴지 않았으나 백성을 공정하게 돌보는 기개 있는 목민관이었다. 그런 그가 중앙의 높은 관직을 마다하고 안동 인근 고을의 수령을 자처해 내려왔다. 가까이에서 부모를 모시기 위해서이다. 이런 농암의 효심은 많은 이야기를 남겼다. 그 중 으뜸은 '화산양로연(花山養老燕)'이다. 화산양로연은 안동부사로 부임해 있던 1519년 9월 9일에 안동 부내의 80세 이상의 노인을 모두 모아 경로잔치를 베푼 일을 일컫는다. 그리 특별할 것 없는 경로잔치가 지금껏 기록이 남아 회자되는 까닭이 궁금하다. 그 이유는 잔치에 참석한 사람들의 특별함 때문이라고. 신분의 구분이 명확했던 당시, 여자와 천민까지도 잔치에 초대하는 것이 그리 흔한 일은 아니었

1. 명농당 2. 강각의 고택 체험방
3. 고택 체험방의 고운 이불 4. 농암종택의 기와

을 터이다. 농암의 애민정신을 살필 수 있는 일이기도 하다.

농암의 부모에 대한 효심이 담긴 공간도 있다. 종택과 분강서원을 지나면 만날 수 있는 '애일당'이다. 애일당은 부모가 살아계시는 날을 아껴 효도한다는 뜻을 가진 집이다. 이곳에서 농암은 자신의 나이가 70세를 넘겼음에도 아버지를 포함한 아홉 노인을 모시고 색동옷을 입고 춤을 추어 즐겁게 했다. 농암의 집안은 대대로 장수했다.

농암의 아버지 98세, 어머니 85세, 농암 자신도 89세까지 살았다. 이후로 7대를 이어 200년간 장수의 맥이 이어졌다고. 부모를 공경하고, 남을 더 배려했던 농암의 마음이 담긴 애일당구로회도 한동안 이어졌을 터이나 그 맥이 끊어졌던 것을 최근 되살렸다.

2011년 10월 25일에 109년 만에 '속 애일당구로회'를 연 것. 2012년이면 농암이 효심을 담아 애일당을 지은 지 500년이 된다고 한다. 그곳을 찾아 진정한 풍류 시인이던 농암 선생의 삶을 생각하며 오늘날, 우리의 삶을 되돌아보는 시간을 갖는 것도 좋겠다.

청량산 따라 낙동강변에 복원된 농암종택

농암이 나고 자란 농암종택은 직계자손들이 650여 년 동안 대를 이어 살고 있는 집이다. 종택이 처음 지어진 것은 1370년 무렵이다. 입향 시조이자 농암의 고조부인 이현 선생이 지었다.

종택으로 들어서면 꽤 많은 건물들이 눈에 띈다. 사랑채, 안채, 긍구당, 분강서원, 애일당 등등이 그것이다. 그런데 강을 따라 나란히 이어지는 이 건물들은 원래부터 이곳에 있었던 것은 아니다. 원래의 집터는 안동댐 건설로 수몰되었다. 당시, 해체·이전되었던 건물들을 지금의 자리로 이전하고 복원한 것은 농암의 17대손인 이성원 씨이다.

1970년대 초 안동댐 건설과 더불어 떠밀리다시피 고향집을 떠나 온 이성원 씨

5. 긍구당 6. 분강서원 7. 명농당 8. 강각의 안락의자

는 가족과 함께 안동시에 거주지를 정하고 평범하게 직장 생활을 했다. 그러나 졸지에 실향민이 된 종손의 가슴 속에는 종택을 되살리고자 하는 의지가 담겨 있었다. 틈 날 때마다 종택을 복원할 터를 찾아다닌 것. 현재의 종택이 자리한 가송리 올미재 터는 1992년 어느 날 발견했다. 청량산 줄기가 낙동강 따라 흘러내리는 명당이었다. 이후 10여 년간 주변의 부지를 꾸준히 매입, 개간을 했다고. 안동시와 정부의 문화재 복원 및 고가옥 활용 프로그램 등 여러 가지 시책에 따라 예산지원을 받을 수 있었던 것도 도움이 되었다.

수려한 풍광 속에 푹 파묻혀 고고하게 서 있는 농암종택은 그렇게 새로운 모습으로 재탄생하게 됐다.

9

10

11

12

풍수학자도 감탄해 마지않은 명당 농암종택

새로 터를 잡아 옮겨온 곳이지만 지금의 종가도 명당에 자리하고 있다. 종택을 찾은 풍수학자로부터 '신이 내린 집'이라는 극찬을 들었을 정도다. 그는 '밤사이 신이 만들지 않았다면 이렇게 손댈 곳 하나 없이 완벽할 수가 없다'는 말도 덧붙였다고. 17대 종부 이원정 씨는 이 말로 농암종택 소개를 대신한다. 비전문가의 눈에도 이 말은 의심의 여지가 없다. 낙동강 줄기 건너로 청량산의 깎아지른 듯한 절벽이 이어졌다.

건물은 저마다 빼어난 자태를 품고 있다. 각각의 건물에서 바라보는 낙동강 줄기의 모습도 모두 다르다. 이성원 씨는 이 집을 이건하고 복원하는 과정에서 목수들에게 세세한 것까지 지적하는 등 상당히 까다롭게 감독했다고 한다. 작게는

9. 사랑채 앞의 아이들 10. 분강서원 댓돌 위의 고무신 11. 긍구당 12. 명농당과 분강서원 13. 고택체험하는 가족

문중의 종택을 복원하는 것이지만 넓게 보았을 때 우리의 문화재를 복원하는 것이기 때문이다. 이런 주인의 마음을 아는지, 농암종택에는 사시사철 사람들의 발걸음이 그치지 않는다. 모두들 편안히 하룻밤을 머문 뒤 종갓집 주인에게 감사의 인사를 하고 떠난다. 이원정 여사는 그런 사람들이 고맙다.

이 집 사랑채에는 "너희 집안은 대대로 선을 쌓아 온 집이 아니더냐?"며 선조 임금이 친히 써준 적선(積善)이란 글자가 붙어있다. 옛날 농암 선생은 부모님과 백성들에게 선을 쌓았고, 지금은 종택의 아름다움을 많은 사람들과 나누고 있다. 농암의 후손들은 그야말로 대를 이어 적선하고 있었다.

참고 _ 농암종택 홈페이지(www.nongam.com), 17대 종부 이원정 여사

14

15

16

농암종택 여행수첩

주소 : 경상북도 안동시 도산면 가송리 올미재 612

전화 : 054-843-1202 홈페이지 : www.nongam.com

도산9곡의 비경이 고스란히 녹아 있는 농암종택. 빼어난 경치를 따라 흐르는 낙동강 물줄기가 지척에 내려다보이는 긍구당과 강각에서의 하룻밤은 잊지 못할 추억을 선사한다. 25cm 두께의 자갈이 깔린 방바닥에서 피어오르는 뜨끈뜨끈한 열기는 온돌방의 그것과 다름없는 편안한 밤을 약속한다.

농암종택은 총 16개의 크고 작은 방이 마련돼 있다. 요금은 4~7만원이 대부분이며, 긍구당, 명농당, 애일당 등 별채는 10만원이다. 강각은 1만 2천원. 단체의 경우 홈페이지를 참조하거나 직접 문의해 숙박 규모를 결정하면 된다. 아침식사는 주문할 경우 제공되며, 모든 방에 TV가 없다.

14. 안채로 놀러 온 백로 15. 애일당 전경 16. 애일당 툇마루 17. 분강서원 현판

찾아가는 길

중앙고속도로 영주IC로 나와 5km 정도 직진한 후 문정교차로에서 우회전해 16km 직진. 지곡교차로에서 녹전 방면으로 좌회전해 8km 진행한 후 삼거리에서 좌회전한다. 녹전 우체국을 지나 우회전 후 1km 진행 후 도산온천 방면으로 우회전한다. 역시 1km 진행 후 온천로 방면으로 좌회전해 4.5km 진행하면 삼거리가 나오고 여기서 좌회전해 8km 정도 가면 갈림길이 나오고 여기서 우회전해 3km 남짓 직진하면 농암종택에 도착한다.

18. 농암종택 앞 낙동강 상류 래프팅 19. 안채 옆에 널린 빨래들 20. 애일당 전경 21. 애일당 현판 22. 안채 전경

다른 잠자리

고즈넉한 고택의 하룻밤은 수졸당(054-856-3307), 온계종택(070-4218-4128), 우경고택(054-856-5632) 등에서도 가능하다. 안동역에서 5분 거리의 안동파크 호텔(054-853-1501)은 최근 리모델링을 마쳐 시설이 깨끗하다.

맛있는 집

안동댐 월영교 부근의 까치구멍집(054-821-1056)은 헛제사밥으로 유명하며, 터주대감(054-853-7800)과 양반밥상(054-855-9900)의 간고등어도 추천할만 하다. 이 밖에 풍산이장한우식당(054-858-2043)의 한우고기, 안동 시장 안의 중앙통닭(054-855-7272)의 찜닭도 맛있는 집이다.

여행코스

1 송곡고택　2 유교문화박물관　3 도산서원　4 이육사 문학관
5 퇴계종택　6 퇴계 태실　7 도산온천

1 송곡고택

19세기 중엽에 건립된 평산 신씨의 종택인 송곡고택은 전통적인 상류계층의 가옥구조를 갖춘 'ㅁ'자형 건물이다. 책방을 사랑방과 마루방 중간에 둔 점이 특이한데 이는 집주인이 학문을 중시했던 결과이다.

2 유교문화박물관

한국국학진흥원 부속기관인 유교문화박물관은 국내 유일의 유교 전문 박물관이다. 개별 문중이나 서원 등으로부터 기탁 받은 자료들 가운데 문화재적 가치가 높은 것들을 엄선해 전시하고 있다.

3 도산서원

퇴계 이황 선생 타계 후 문인들의 발의에 의해 서당이 있던 자리에 세운 서원이다. 선조임금이 도산서원이라는 현판을 사액하였고, 편액은 당시 제1인자로 손꼽히던 한석봉의 글씨이다.

4 이육사 문학관

2004년 7월 이육사 탄생 100주년을 맞이해 선생의 고향인 도산면 원천리에 세운 문학관이다. 내부에는 선생의 친필 원고를 비롯해 시집과 독립운동 자료들이 전시돼 있다. 문학관에서 500m 거리에 생가 터가 있다.

5 퇴계종택

원래 퇴계의 종택은 1907년 왜병들의 방화로 소실되었다. 지금의 가옥은 13대 후손인 하정공 이충호가 1929년 새로 지은 것으로 경상북도 기념물 제42호로 지정돼 있다.

6 퇴계 태실

경상북도 민속자료 제60호. 1454년 퇴계 선생의 조부인 계약공이 건립했다고 전해지는 가옥으로 퇴계 선생이 태어난 방이 특이하다고 해서 퇴계 태실로 불린다. 집 전체는 노송정 종택이라고 부른다.

7 도산온천

수질 좋기로 유명한 도산온천은 조선시대 때 소문을 듣고 나병 환자들이 대거 몰려들어 유림들이 온천을 흔적도 없이 묻었다는 일화가 전해진다. 지하 580m에서 솟는 온천은 신경통, 관절염, 피부병 등에 특효라고 알려져 있다.

안동 군자마을

600년 거슬러 올라 배우는 진정한 선비의 정신

안동 사람들은 양반이란 말보다 선비라는 말을 더 큰 칭찬으로 여긴다. 양반은 타고난 계급이지만, 선비는 높은 학식과 인격을 갖춰야 하기 때문이다. 군자마을은 그런 선비의 정신이 고스란히 전해지는 곳이다. 비록 댐 건설로 인해 조상 대대로 살던 곳을 떠나야 했지만, 군자마을 후손들은 선대의 고결한 선비정신을 아름다운 마을과 함께 지켜오고 있다.

글과 사진 _ 윤규식

진정한 선비정신을 보여준 후조당

'외내'라고도 불리는 오천동 군자마을은 광산 김씨 예안파 후손들이 20대, 600여년을 살아 내려온 유서 깊은 고장이다. 마을은 임진왜란, 일제강점기, 한국전쟁 등 큰 사건에도 원형을 잃지 않고 오늘날까지 이어졌다. 그러나 어이없게도 1974년 건설된 안동댐이 그 아름답던 마을을 수장시키고 말았다. 후손들은 어쩔 수 없이 문화재 가치가 있는 몇몇 건물을 원래 자리에서 약 2km 정도 떨어진 지금의 와룡면 오천 1리로 이건했다. 그나마 군자마을이라는 마을 이름만은 그대로 살렸다. 오래된 전통 가옥과 마을이 이렇게라도 보존되고 있어 다행이다. 하지만 가슴 한편에 밀려드는 까닭모를 허전함은 쉽게 가시지 않는다.

1. 볕 들어오는 후조당 대청마루
2. 군자마을 담장과 난간
3. 후조당 후손 김방식 관장
4. 기와 지붕위의 잡초

군자마을은 입향시조인 김효로 선생의 손자이자 퇴계 이황의 제자였던 선비 7명의 높은 학식과 인품 때문에 붙여진 이름이다. 그 중 후조당 김부필 선생이 보였던 진정한 선비의 모습은 지금까지도 존경의 대상이 되고 있다. 후조(後彫)는 논어의 '날이 추워진 후 소나무의 푸름을 안다'는 문구에 들어있는 말로, 김부필 선생은 이 뜻을 되새겨 자신의 호를 후조당이라고 지었다. 이는 추사 김정희의 〈세한도〉와도 맥이 닿는 대목이다.

조선시대에는 선비라 일컬어지는 것을 최고의 명예로 여겼다. 양반은 한낱 계

5

6

7

급에 불과할 뿐, 높은 도덕과 학식, 인격을 갖춘 선비가 최고의 가치였던 것이다. 후조당은 과거에 급제했음에도 관직에 나서지 않았다. 그는 오로지 시문을 즐기며 학문에 전념할 뿐이었다. 진정한 의미의 선비였던 것이다. 이런 까닭에 후조당은 퇴계 선생의 수제자 격이었지만 두 사람이 나눈 학문적 교류와 인간적인 정은 일반적인 사제관계보다 한 차원 높은 것이었다. 두 사람은 서로를 존경했고, 퇴계 선생은 이런 시 한 수로 후조당의 높은 인품을 칭송했다.

後彫主人堅素節(후조주인견소절) 후조당 주인 그 절조 본디 굳어
除書到門心不悅(제서도문심불열) 교지 이르러도 마음 기뻐 않는도다
坐對梅花氷雪香(좌대매화빙설향) 빙설 속 매화 향 마주앉아 기다리다
目擊道存吟不輟(목격도존음불철) 도의 근원 깨닫고는 읊조리길 쉬지 않네

벼슬길에 나가 입신양명을 도모하기보다 학문에 정진했던 후조당의 선비정신을 극찬한 것이다.

5. 후조당 사랑채 뒷뜰 6. 읍청정 난간 7. 후조당 기념촬영 8. 양정당

군자마을에 새겨진 7군자의 흔적

군자마을의 7군자는 후조당을 비롯한 5명의 친사촌과 2명의 외사촌을 일컫는다. 모두 학식과 인품이 높아 주변의 칭송이 자자했다. 마을이름도 안동 부사였던 한강 정구 선생이 이 마을에 다녀가며 '군자가 아닌 사람이 없다'고 한 말에서 유래됐다.

7군자는 마을 곳곳에 정자를 하나씩 지어 학문에 매진했다. 현재 마을에는 이건 또는 복원된 친사촌 형제 5명의 정자만 남아 있고, 외사촌 2명의 정자는 영남대에 기증된 상태이다. 군자마을의 정자는 읍청정, 낙운정, 양정당, 설월당 등이다. 이 밖에 광산 김씨 예안파 종택 사랑채와 탁청정 종택 등 고택이 보존돼 있다.

최근 인기를 얻었던 TV드라마 〈공주의 남자〉 촬영지가 바로 후조당이다. 광산 김씨 예안파 종택에 딸린 별당 이름이 후조당인데 수양의 딸 세령의 처소로 촬영됐고, 사랑채는 수양의 처소였다. 역설적이게도 지조의 상징 후조당이 피비린내 나는 권력의 상징 수양과 그 가족의 처소로 촬영된 것이다.
운치 있는 돌계단을 올라 후조당에 들어서니 넓은 마루가 인상적이다. 정면 3칸,

9

10

11

12

13

14

측면 2칸의 전형적인 사대부 집안 '육간대청'이다. 마루 한쪽 벽면 위에는 퇴계 선생의 친필인 '후조당' 현판이 걸려 있다.

광산 김씨 예안파 종택은 현재 후조당과 사랑채만 남아 있다. 안동댐 건설로 옮겨질 때 안채는 너무 낡아 이건 되지 못했다. 사랑채는 종택을 지키고 있는 김방식 관장의 어릴 적 추억이 서린 곳이기도 하다. 집안의 막내였던 김 관장과 할아버지의 정이 오가던 추억이다. 할아버지의 곰방대에 담뱃불을 붙여드리거나 이부자리를 깔아드리면 할아버지가 다락방에서 박하사탕이나 곶감을 꺼내 주셨다고.

9. 군자마을 사진찍는 여인
10. 군자마을 전경
11. 군자마을 풍경
12. 군자마을 정자
13. 빗방울 떨어지는 후조당 처마
14. 양정당
15. 읍청정 전경
16. 읍청정 기둥과 난간
17. 탁청정 종택의 문창살과 장작
18. 탁청정과 연못
19. 후조당 앞의 아이들

군자마을에는 중요민속자료가 두 곳 있다. 제227호로 지정된 후조당과 제226호인 탁청정이다. 탁청정은 팔작지붕을 얹고, 마루에는 난간을 돌린 모습이다. 영남지방의 개인 정자로는 가장 웅장하고 아름답다는 평을 받고 있다. 정자에 오르면 바로 앞에 전통방식의 사각 연못이 있어 운치를 더한다. 석봉 한호가 쓴 현판과 퇴계 이황, 농암 이현보 등 당대 명현들의 시판도 볼 수 있다.

이 밖에 후조당의 형제들이 책을 읽고 시를 지었던 정자들도 마을 곳곳에 배치돼 있다. 비록 제 자리를 벗어나 있지만, 하나같이 아름답고 운치 있다. 천천히 산책하며 고택 구석구석을 둘러보는 재미가 쏠쏠하다.

참고 _ 군자마을(2001, 광산 김씨 예안파 문중), 군자마을 홈페이지(www.gunjari.net), 안동 군자마을 김방식 관장

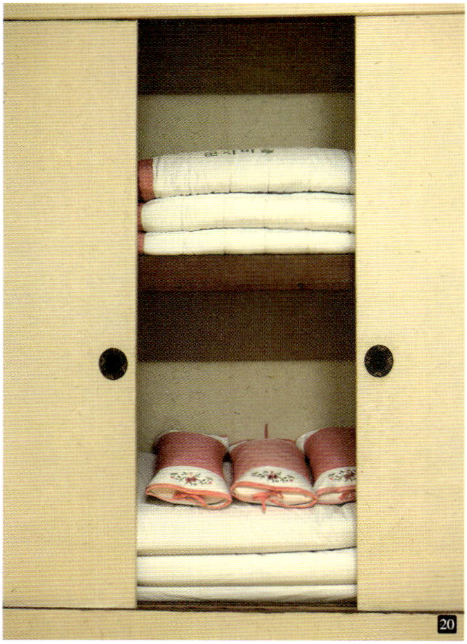
20

21

22

군자마을 여행수첩

주소 : 경상북도 안동시 와룡면 오천1리 산28-1

전화 : 054-852-5414　　　　홈페이지 : www.gunjari.net

안동 군자마을에서는 후조당, 사랑채, 읍청정, 낙운정, 군자고와 등에서 고택체험이 가능하다. 총 10개의 방을 이용할 수 있다. 군자고와는 4~5명 기준, 8만 8천원~13만 2천원이며, 후조당을 비롯한 별채 건물들은 11만원~22만원에 이용할 수 있다.

군자마을은 이용객들이 최대한 느긋하게 쉬고 자며 둘러보다 돌아갈 것을 권한다. 이에 따라 각 방에는 TV 및 플라스틱 용기를 전혀 비치하지 않았다. 취사는 엄격히 금지된다. 다만, 군자마을 내 식당에서 한정식 등의 메뉴를 준비해 놓고 있으며 지정된 장소에서 바비큐 파티도 가능하다.

군자마을에서는 비정기적으로 음악회 등 문화행사가 개최된다. 또한 후조당 대청이나 탁청정을 대여해 모임이나 세미나 장소로 활용할 수 있다. 예약 및 행사문의는 군자마을 홈페이지를 통해서 가능하다.

20. 옷장의 이불들 21. 퇴계선생이 쓴 후조당 현판 22. 후조당 사랑채 내부
23. 후조당 6칸 대청마루 24. 후조당 고택 체험방 25. 한석봉이 쓴 탁청정 현판 26. 후조당 사랑채 다락방

찾아가는 길

중앙고속도로 서안동IC에서 나온 후 안동시청 방면으로 우회전. 약 11㎞ 주행하여 천리고가교북단교차로에서 좌회전한다. 퇴계로를 따라 16㎞ 직진하고 군자리길로 우회전하여 약 260m 이동하면 군자마을에 도착한다.

안동 지례예술촌

수몰의 위기를 기회의 땅으로 일궈낸 곳

안동 시내를 벗어나 영덕 방향으로 가다보면 넓고 잔잔한 호면이 펼쳐진다. 임하댐을 건설하면서 생긴 임하호다. 임하댐이 생기면서 기세등등했던 산세도 물에 잠기고, 산자락에 기대어 살던 마을도 사라졌다. 수곡교를 건너 구절양장처럼 구불구불 이어진 30리 길을 따라가면 저 유명한 지례예술촌을 만난다. 350년의 역사를 자랑하는 지례예술촌이 깊은 골짜기 호숫가에 자리잡게 된 내력은 무엇일까?

글과 사진 _ 문일식

무언재에서 지촌 선생의 마음을 헤아리다

"대사성 김방걸을 화순 동복으로 유배하라." 희빈 장씨가 사사당하고, 인현왕후가 복위되었다. 인현왕후를 등에 업은 서인들에 의해 남인들이 줄줄이 죽음으로 내몰렸다. 갑술환국이 단행된 것이다. 숙종 재위기간은 죽고 죽이는 당쟁의 시대였다.

조선왕조를 통틀어 변덕이 가장 심했던 임금, 숙종이 벌였던 3번째 환국조치였다. 관직에 오른 뒤 17번이나 사직상소를 올렸으며, 남인의 종장으로 송시열과 김수항 토죄에 앞장섰으나, 정작 그는 강 깊은 곳 쏘가리가 살쪄 있는 것만으로

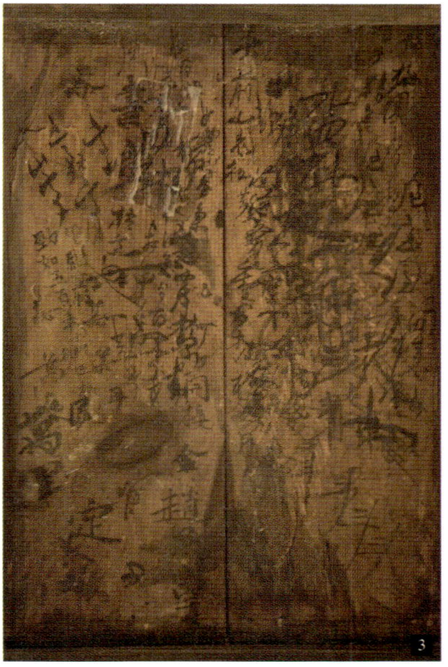

1. 지례예술촌 뒷편 산책로에서 본 지례예술촌 2. 지촌종택의 당호인 무언재 3. 정곡강당 나무벽에 한문연습을 한 흔적

도 삶에 만족하고, 향촌에서 행복하고자 했던 그였다. 그는 유배된 이듬해 화순 동복에서 눈을 감았다.

별묘는 지례예술촌에서 가장 아름다운 풍경을 선사하는 곳이다. 넓은 창을 통해 보이는 호수 풍경은 어느 때보다 조용하고 차분하다. 창을 통해 호수풍경을 지긋이 내려다보는 이가 있었다. 바로 지례예술촌의 김원길 촌장이다.

일흔의 나이에도 눈매는 또렷하고, 청년처럼 당당했다. 옛 마을을 내려다보며 한없는 감회에 젖어 보이지도 않았다. 종택의 사랑채에 걸린 '무언재'라는 당호처럼 그저 묵묵히 산과 호수를 내다보고 있었다. 아마도 지례마을의 입향조인 지촌 김방걸 선생의 시 '무언(無言)'에서 그랬듯이 "종일토록 말 없이 푸른 산 보는 (終日無言對碧岑)"하는 것 같았다. 무언재는 고향으로 돌아와 세상의 모든 시름을 잊고, 자연인으로 살고팠던 지촌 김방걸 선생의 마음이 담긴 당호였다.

물속에 잠긴 지례마을 새롭게 태어난 지례예술촌

지례마을의 역사는 300년이 넘지만, 1990년 임하댐이 건설되면서 물에 잠겼다. 마을은 통째로 사라지고, 마을에 남아 있던 일부 고택만이 옛 마을이 있던 자리가 내려다보이는 곳으로 옮겨졌다. 지례마을은 그렇게 새로 태어났다.

임하댐이 건설된다는 얘기는 1970년대부터 꾸준히 나왔지만, 본격적으로 착공에 들어간 것은 1980년대 들어서부터다. 댐이 들어서면서 보상은 받지만, 고향을 떠나 도회지에서의 새로운 삶을 시작한다는 것은 내키는 일이 아니었다. 마을도 사라지고, 종택과 서당, 제청도 수몰될 위기에 처했다.

그러던 어느 날 뜻밖의 손님이 김원길 촌장을 찾아왔다고 한다. 소설 '꽃신'

4. 크기로는 유래를 찾아볼 수 없는 지촌서당의 전경
5. 지례예술촌의 대문채에서 바라본 임하호와 운동장
6. 풍광이 가장 뛰어난 별묘의 방에서 김원길 촌장이 임하호를 바라보고 있다.

의 저자인 소설가 김용익 씨였다. 마을이 수몰될 위기에 놓였다는 얘기를 들은 김용익 씨는 미국의 예술인촌(Artist Colony)에 대한 얘기를 들려주었다.

예술인촌은 문학, 미술, 음악을 하는 예술가들이 오랫동안 머물며 예술 활동에 전념하는 집단거주지로 미국에서는 흔하다는 이야기였다. 소설가 김용익 씨와의 만남은 예술촌 태동을 알리는 밑그림이 되었다. 임하댐 건설로 수몰위기에 놓인 지촌종택의 깊은 시름이 '하늘이 보낸 손님'의 방문으로 해결되는 순간이었다.

7

지례예술촌 임하호의 푸른 물빛을 바라보다

지례예술촌에서 바라보는 임하호의 풍경은 고즈넉하니 참 좋다. 지촌종택을 비롯해 지촌제청, 지산서당, 별묘, 주사, 행랑채는 옛 모습을 그대로 간직한 채 또다른 역사의 시간을 채우고 있다. 지촌종택과 지촌제청, 지산서당은 각각 경북 문화제자료 제44호, 제46호, 제49호로 지정되어 있다.
지촌종택은 정면 5칸, 측면 5칸 규모의 안채와 문간채, 사당, 별묘로 구성되어 있으며, 넓은 안마당을 두고 차분하게 앉아 있다. 지촌제청은 지촌 김방걸 선생의 제를 올리는 곳으로 강당의 공간으로 사용되었는데, 내부의 판문 곳곳에는 배움의 흔적들이 고스란히 남아 있다.

지산서당은 지촌 김방걸 선생의 덕을 기리기 위한 서원을 짓기에 앞서 먼저 세운 건물이다. 1800년에 지었지만, 대원군 때 서원철폐령으로 훼철되었다가 1926년에 다시 지었다. 서원의 강학당처럼 웅장한 풍모를 지니고 있지만, 서당의 이름으로 남았다.

지례예술촌을 둘러싼 산자락에는 아름다운 산책로가 있다. 이 길에서는 임하호

7. 정곡강당의 대청은 작은 도서관으로 쓰이고 있다.
8. 물에 비친 구름 아래로 지례마을이 있었다.

와 어우러진 지례예술촌의 아름다운 풍광을 만날 수 있다. 마을의 수몰과 건물의 이건이라는 수난을 겪었지만, 지례예술촌이 겪은 그간의 노고를 어루만져 줄 수 있는 곳이다.

지례예술촌은 오지 중의 오지다. 지례예술촌으로 들어오는 산길은 2011년 8월에야 비로소 포장이 완료됐다. 오래 전 구불거리는 비포장 길을 따라 프랑스 대사 부부가 지례예술촌으로 온 적이 있는데, 험한 산길에다 깊은 산중으로 들어가자 납치로 오해를 했던 일화가 남아 있을 정도다. 하지만, 오지에 있기에 창작활동을 하는 예술인들 뿐 아니라 수려한 풍경과 조용한 휴식을 취하려는 사람들의 발길이 늘 끊이지 않는다. 비록 수몰의 아픔이 있는 곳이지만, 300년의 역사를 자랑하는 지례마을의 유일한 흔적이며, 지촌 김방걸 선생이 꿈꾸었던 종일토록 푸른 산을 바라볼 수 있는 아름다운 정경이 남아 있기 때문이다.

참고 _ 지례예술촌 김원길 촌장

지례예술촌 여행수첩

주소 : 경상북도 안동시 임동면 박곡리 1182-1
전화 : 054-852-1913

지례예술촌에는 모두 17개의 방이 있으며, 지촌종택의 사랑채와 안채, 행랑채 뿐 아니라 정곡강당, 주사, 별묘, 지산서당 등을 객실로 사용하고 있다. 행랑채, 책방 등 2인 기준 5만원부터 지산서당 4인 기준의 15만원까지 다양하다. 안채 뒤편과 정곡강당 옆에 수세식 화장실과 샤워시설을 설치해 고택을 이용하는데 불편함이 전혀 없다. 단체를 위해 지례예술촌의 일부 및 전체예약도 가능하다. 취사는 불가능하며, 식사는 안동 반가의 정갈한 음식을 맛볼 수 있다. (1인 1식 7천원) 모든 예약은 홈페이지를 통해 가능하다.
(문의 : 054-852-1913, 홈페이지 : www.jirye.com)

찾아가는 길

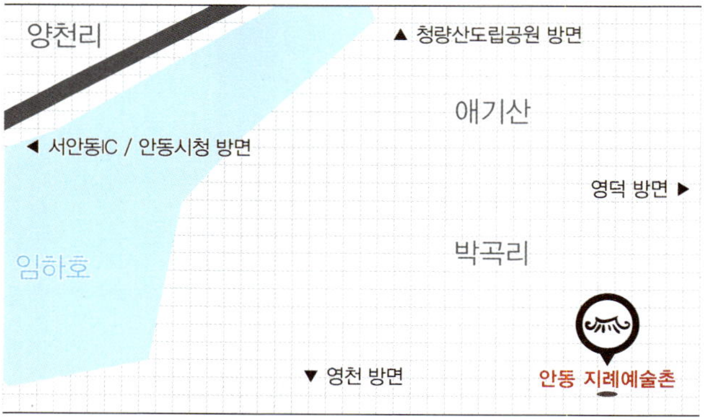

중앙고속도로 서안동IC에서 나와 34번 국도를 타고 안동 시내를 거쳐 영덕방향으로 진행, 안동 독립운동기념관에서 약 6km 진행하다 우측으로 수곡교를 건너 길을 따라 12km 정도 달리면 지례예술촌에 이른다.

다른 잠자리

임동면 수곡리에 위치한 기양서당(010-5588-9494), 길안면 현하리에 위치한 두릉구택(010-3281-6533, dureung.gotaek.kr)에서도 한옥 체험이 가능하다. 안동 독립운동기념관 내에 있는 연수원은 3인, 5인실 등 15개 객실을 갖추고 있으며, 방 7개 이상 예약시 가능하기 때문에 단체 여행객이 이용하기에 적합하다. (054-823-1555)

맛있는 집

안동시 옥동에 위치한 옥동손국수(054-855-2308)는 깔끔한 손칼국수를 내는 집이다. 국수메뉴에도 맛깔스런 반찬과 함께 조밥과 배추쌈이 곁들여진다. 안동시 남문로에 위치한 안동 황우촌 식육식당(054-855-2724)은 질좋은 한우를 싸게 맛볼 수 있는 곳이다. 다양한 부위의 한우고기 뿐 아니라 한우불고기, 육회비빔밥, 한우국밥 등 저렴한 가격의 메뉴도 맛볼 수 있다.

여행코스

1 안동 독립운동기념관　2 내앞 마을 산책　3 안동댐 물문화관　4 월영교 산책

1 안동 독립운동기념관

안동 출신의 독립 운동가들의 항일운동 활약상을 일목요연하게 볼 수 있는 전시관으로 옛 협동학교 자리에 세워졌다. 독립 운동가들의 국내 및 중국으로의 망명 후 활동과 독립 운동가를 추모하는 공간으로 꾸며져 있다.

(문의 : 054-823-1555, 홈페이지 : www.815andong.or.kr,)

2 내앞 마을 산책

마을 앞으로 반변천이 흘러 내앞 마을로 불린다. 청계 김진을 중시조로 하는 의성 김씨의 집성촌으로 보물 제450호로 지정된 안동 의성 김씨 종택과 귀봉 종택 등이 남아 있다.

3 안동댐 물문화관

안동댐과 임하댐의 건설과정과 주변의 생태계를 알아볼 수 있는 전시관 뿐 아니라 수몰된 안동 옛마을의 모습 등을 자료를 통해 볼 수 있다.

4 월영교 산책

안동댐 아래 강줄기를 가로지르는 월영교는 주변으로 수변산책로가 잘 조성되어 있다. 월영교 건너편에는 보물 제305호로 지정된 석빙고, 선성현 객사, 민속촌 등 안동의 다양한 문화유산과 옛 집의 모습을 둘러볼 수 있다.

안동 묵계서원

보백당 김계행 선생의 보물을 찾아서

사람에게는 누구나 욕심이 있다. 하지만, "욕심이 사람을 죽인다"는 속담이 있을 정도로 욕심은 늘 경계의 대상이다. 욕심 때문에 사리판단이나 분별을 제대로 못하기 때문이다. 보백당 김계행은 무욕의 삶을 너머 청백을 삶의 지표로 삼았던 인물이다. 청백을 집안의 보물로 삼았던 보백당의 삶이 주는 교훈은 각박한 요즘 더욱 절실하다.

글과 사진 _ 문일식

1

보백당, 청백을 집안의 보물로 삼다

우리 집에는 보물이 없다. 다만 보물이 있다면 오직 청백 뿐이다.(吾家無寶物, 寶物有淸白) 울창한 숲 사이로 송암폭포가 절경을 이루는 만휴정에는 독특한 문구가 하나 걸려 있다. 집안에 보물은 없는데, 있다면 청렴결백함 만이라니……. 얼마나 당당하고 자부심어린 문구인가? 만휴정에 새겨진 글귀는 보백당 김계행 선생이 평생을 지침으로 삼았으며, 집안 대대로 내려온 유지였다.

보백당은 꼿꼿하고 강직한 성품을 가진 청렴한 인물이었다. 보백당은 17세에 생원시에 합격하여 성균관에 들어갔지만, 나이 50세가 되서야 비로소 문과에 합격했다. 이듬해 관직에 제수되었는데, 때는 폭정을 일삼던 연산군의 시대였다. 직언을 일삼다 죽임을 당했던 사람도 많았고, 두 번의 사화로 숱한 선비들이

1. 소나무와 어우러진 보백당 선생의 신도비각　2. 묵계서원의 강당에서 이야기를 듣고 있는 여행객들
3. 한옥체험을 할 수 있는 묵계서원 강당　4. 국태민안이라 적힌 대문 너머로 보이는 묵계종택의 사랑채

목숨을 잃던 때였다. 하지만, 보백당은 연산군 아래서도 직언을 아끼지 않았으며, 외척과 공신들의 부정부패에도 신랄한 비판을 서슴지 않았다. 관직에 나간 이후 17년 동안 수많은 관직에 오르내렸던 것도 임금의 노여움과 외척과 공신들의 배척으로 수시로 물러났지만, 다시 등용되기를 반복했던 결과다.

보백당의 청렴함은 그의 유언에도 잘 나타나 있다. 보백당은 임금에게 올린 간언이 받아들여지지 않자 사직상소를 올리고 낙향했다. 그는 만휴정을 지어 만년을 보내다가 보백당에서 숨을 거뒀다. 그는 대대로 청백한 삶을 살 것을 강조했다. 더불어 자신은 임금을 곁에서 모셨지만, 조금도 보탬이 되지 못했음을 자책하며, "장례도 간소하게 치르고, 비문을 남기지 마라"고 했으니, 그 청렴함은 대대로 집안의 보물로 내려오고 있다.

5

보백당, 나라의 대사에게 회초리를 들다

보백당의 청렴결백하며 강직한 성품을 알려주는 일화가 조선왕조실록에 남아 있다. 보백당의 조카 중에는 조선 세조의 두터운 신임을 받았던 학조대사가 있었다. 보백당이 성주향교의 교수로 재직하고 있던 어느 날, 학조대사가 성주에 갈 일이 있어 보백당을 찾아뵈려고 하자 성주목사가 큰 스님이 거동할 필요있냐며 성주향교로 사람을 보냈다.

한참이 지나도 오지 않자 학조대사가 직접 성주향교로 찾아갔다. 보백당은 학조대사를 보자 추상같은 꾸짖음을 내렸다. "네가 감히 왕실의 은총을 믿고 방자함이 이를데가 없구나. 조카가 삼촌을 찾아뵙지는 못할지언정 어찌 삼촌이 조카를 찾아가겠느냐?"하며 회초리로 종아리에 피가 맺힐 정도로 때렸다. 당황한 학조

5. 묵계종택의 읍청루 6. 묵계서원의 강당 전경 7. 묵계종택에 남아 있는 보백당 8. 위패를 봉안한 묵계서원의 창덕사

대사는 삼촌의 꾸짖음은 꾸짖음이고, 삼촌이 낮은 관직에 머물러 있는 것이 안타까워 다시 말했다. "삼촌이 문과에 급제하지 못하시고, 이렇게 낮은 자리에 계시니 안타깝습니다. 혹시 관직에 뜻이 있으시면 제가 힘을 써보도록 하겠습니다."하자 "내 어찌 네 힘을 빌어 관직에 오를 수 있겠느냐? 내 부끄러워 어찌 다른 사람들을 어떻게 보겠느냐?"며 더 엄하고, 날카로운 목소리로 학조대사를 꾸짖었다. 당시 대단한 권세를 누렸던 학조대사였지만, 권세를 믿고 방자한 행동의 조짐을 보이는 학조대사를 당당하고 준엄하게 꾸짖었던 것이다.

보백당 선생의 정신이 문화재가 된 곳, 묵계서원과 묵계종택

묵계서원은 1706년 보백당의 청렴함과 올바른 공직상을 바로 세우기 위해 지방 유림의 발의로 지어진 서원이다. 이후, 1858년과 1859년 두 차례에 걸쳐 보백당의 청렴과 학덕에 대해 포상을 청원하는 상소문이 올려졌다. 이로 인해 이조참판(종2품)과 이조판서(정2품)로 증직 교지가 내려졌다. 이어 '정헌'이란 시호 교지도 내려졌으나 안타깝게도 묵계서원은 1871년 흥선대원군의 서원 철폐령으로 관리사를 제외하고 모두 무너졌다. 하지만, 1907년 서원의 복설령이 내려져 1925년에 강당이 복원되었다. 묵계서원이 지금의 모습으로 완전히 복원된 것은 1998년이라 한다.

묵계서원은 전형적인 서원배치를 보이고 있다. 가장 뒤편에 위패를 봉안한 청덕사가 있고, 그 앞으로는 강당인 입교당, 동재인 극기당과 읍청루가 차례로 서 있다. 묵계서원은 강당 앞에 서재 없이 동재만 자리하고 있다. 복원할 당시 주춧돌도 발견되지 않았고, 현재 서원의 크기로 봐도 서재는 원래부터 없었던 듯하다. 서원 바깥에 남아 있는 관리사는 'ㅁ'자형 집으로 유일하게 서원을 건립할 당시부터 원형 그대로 남아 있는 건물이다.

9. 묵계서원의 전경 10. 소나무숲과 어우러진 묵계서원 11. 만휴정 인근 바위에 새겨진 유가무보물
12. 묵계서원과 이웃해 있는 선장 13. 묵계서원의 극기재

묵계서원은 1980년 묵계종택과 함께 경북민속자료 제19호로 일괄·지정되었다. 묵계서원을 설명해주시던 김숙동 선생은 묵계서원과 묵계종택은 건물보다 그곳에 담겨있는 보백당 선생의 정신을 문화재로 인정하고 있는 공간이라고 말한다. 지금, 우리들의 세대에서 지켜야 할 '청백리'에 대해 다시 한 번 생각해 봐야 하는 공간이다.

참고 _ 김숙동 선생

묵계서원 여행수첩

주소 : 경상북도 안동시 길안면 묵계리 735-1

전화 : 054-841-2433

묵계서원은 서원 내에 있는 강당 좌우의 입교재와 입도재, 서원 바깥의 관리사에 있는 3개의 방을 포함해 모두 5개의 방을 이용할 수 있다. 강당과 관리사를 묶어 단체 사용도 가능하다. 아침에는 누룽지탕이 제공(8:00~8:30)되며, 간단한 취사는 가능하다. 예약은 경북미래문화재단의 전화나 인터넷으로 가능하며, 인터넷으로 할 경우에는 경북미래문화재단 홈페이지를 이용하면 된다. (홈페이지 : www.gbculture.org)

찾아가는 길

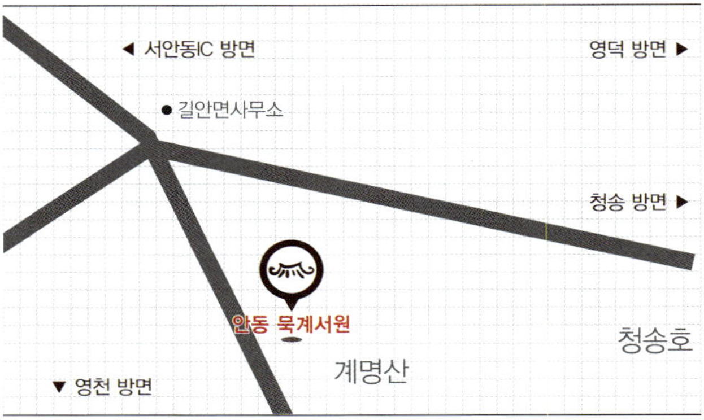

중앙고속도로 서안동IC에서 나와 34번 국도를 타고 안동 시내를 거쳐 영덕방향으로 진행, 송천교차로에서 길안방면 35번국도로 우회전한 뒤 길안면사무소 사거리에서 영천방면으로 우회전해 약 5km 진행하면 길 건너편으로 묵계종택과 묵계서원 표지판을 만나며, 묵계서원은 시멘트길을 따라 약 0.3km를 올라가야 한다.

다른 잠자리

안동포의 주 생산지인 임하면 금소리에 자리잡은 금포고택(010-6676-3002), 길쌈한옥마을(010-2200-6804), 길안면 고란리 계명산 자락에 세워진 계명산자연휴양림(054-822-6920) 등을 추천할만 하다.

맛있는 집

안동은 찜닭으로 유명한 곳이다. 당면과 감자, 양배추 등 다양한 야채를 넣고 매콤하게 양념되어 나온다. 안동 구시장에는 20여 곳의 찜닭집이 밀집되어 있는 찜닭골목이 있을 정도다. 원조안동찜닭(054-855-8903), 종손(054-855-9457), 본가(054-842-8655), 중앙(054-855-7272) 등이 있다.

여행코스

1 만휴정의 산책　2 안동포전시관　3 동부동 5층전탑　4 이천동석불

1 만휴정의 산책

만휴정은 보백당 김계행이 말년에 독서와 사색을 위해 지은 정자다. 수려한 계곡을 따라 지어 계류와 폭포가 어우러진 모습이 매우 아름답다.

2 안동포전시관

경북 무형문화재 제 1호로 지정된 안동포짜기의 역사성과 우수성을 홍보, 전수하기 위해 세운 전시관으로 안동포의 역사와 유래, 안동포길쌈 과정을 차례로 둘러볼 수 있으며, 안동포를 짜는 시연을 직접 볼 수 있다.

3 동부동 5층전탑

우리나라에 몇 남지 않은 전탑 중 하나로 안동역에 자리잡고 있다. 전탑 부근에 법림사라 불리던 사찰이 있었다고 전해진다. 보물 제 56호로 지정되어 있으며, 전탑 뒤편으로는 당간지주도 한 기 남아 있다.

4 이천동석불

거대한 마애불로 제비원 석불이라 불리는데, 제비원은 조선시대의 원(숙박시설)이 있던 곳이다. 석불의 몸은 원래 있던 바위 위에 조각을 하고, 머리는 다른 돌을 조각해 올려 놓아 마치 거대한 부처가 숲속에서 내려다 보는 것 같다. 이천동석불은 보물 제 115호로 지정되어 있다.

안동 치암고택

퇴계 이황의 반듯함을 섬기는 집

사람은 집을 짓고 집은 사람을 담는다. 사는 사람의 품성과 생각으로 집은 '건물'에서 '품격을 담는 공간'이 된다. 안동시 안막동에 자리한 치암고택은 퇴계 이황의 생각을 담고 이를 지키는 후손들의 공간이다. 글귀 하나, 돌 하나에도 의미와 배움을 담은 치암고택에서 하룻밤을 지내며 단아하고 강건한 군자의 성품을 길러보자.

글과 사진 _ 이동미

1

백성과 나라를 사랑하던 치암 이만현의 집

안동시 안막동에 아담한 고택이 있다. 조선말기의 전통 가옥으로 치암(恥巖) 이만현(李晩鉉, 1832-1911)의 집인데 그의 호를 따서 치암고택이라 한다. 이 집은 원래 도산면 원촌리에 있었는데 안동댐의 건설로 수몰될 처지라 현 위치로 옮기게 되었다. 그래서 안막동에 위치하지만 정식 명칭은 '원촌동 치암고택' 이다.

치암 이만현은 순조 32년(1832)에 원 위치인 원촌리 집에서 태어났다. 어릴 때부터 영특했으며 공부를 좋아한 그는, 부친이 가난하여 뒷받침 해주지 못함을 안쓰러워하자 '책 속에 길이 있는데 무얼 걱정하시냐'며 오히려 부모를 위로

1. 치암고택의 대문
2. 낙성당의 모습
3. 낙성당에서 보는 치암고택 마당과 대문채
4. 퇴계 선생의 모습이 담긴 천원권 뒷면의 계상정거도

하며 공부하는 성품이었다 한다. 병자년(1876)에 벼슬에 올라 통사랑에 임명되고 이후 성균관, 사관원, 홍문관 등 삼사의 요직을 두루 거쳤다. 언양, 진주 등지에 부임할 때는 자신의 녹봉을 떼어 백성들에서 소를 사 주는 등 백성을 아끼고 나라를 사랑해 칭송의 소리가 끊이지 않았다고 한다.

그런 그에게 실로 엄청난 일이 닥치니 바로 경술국치(庚戌國恥)였다. 1910년 8월 22일 한일합병조약(韓日合併條約)에 의해 대한제국이 일본 제국주의의 식민지가 되었으니 나라가 없어진 것이다. 당시 집 앞에는 이름 없는 바위가 하나 있었는데 이만현은 '집주인도 나라를 지키지 못했으니 바위 보기조차 부끄럽다'며 자신의 호를 부끄러울 치(恥), 바위 암(巖)으로 하고 나라를 잃은 분함에 치를 떨었다. 결국 마음과 몸이 상해 다음해 세상을 떠났다.

5

안채보다 높은 사랑채
좌우가 다른 지붕 마무리

나라와 백성을 걱정하며 생각이 반듯했던 치암 이만현은 퇴계 이황(李滉)의 11대손이다. 그의 품격처럼 안동원촌동치암고택(경상북도 시도민속자료 제11호)은 단아하고 반듯하다. 22칸의 기와집으로 자연석 기단 위에 막돌 초석을 놓고 네모기둥을 세운 민도리집이다.

'一'자형 대문채를 들어서면 'ㅁ'자형 몸채가 남서향으로 배치되어 있다. 넓은 마당을 자애로운 눈빛으로 바라보는 몸채의 오른쪽은 사랑 공간이다. 정면은 반 칸, 오른쪽은 2칸 정도 돌출되어 있고 안채지붕보다 사랑채지붕이 더 높다. 남녀의 생활공간이 구분되고 사랑채의 공간이 확장, 발달됨에 따라 17세기 후반 이후 나타난 형태로 보인다. 중문간을 들어서면 정면 2칸의 안대청이 가운데 있고,

5. 대문채의 학구재에서 보이는 마당과 사랑채
6. 중문간 너머로 보이는 안채
7. 퇴계 선생 15대손 이동수
8. 치암고택의 사랑채와 안채, 마당의 전경
9. 대문채의 학구재 내부

좌우로 안방과 건넌방이 각기 놓여 있다.

사랑 공간은 좌로부터 큰 사랑방 2칸통(성명재, 경업재), 마루 1칸(낙성당), 작은 사랑방 1칸(호도재)이 차례로 이어지며 호도재 앞에 1칸 마루(청풍헌)를 두었다. 청풍헌의 바닥은 툇마루보다 한 단 높게 하고 난간을 둘러 마치 누마루처럼 꾸몄다.

도산서원 가는 길목에 자리한 후손들의 마음

현재 치암고택에는 퇴계 선생의 15대손인 이동수 씨 내외가 기거하고 있다. 이동수 씨 역시 원촌리 치암고택에서 태어나 고등학교까지 그곳에서 살았다. 돌담과 넓은 마당이 인상적이었는데 여름이면 보리를 베어 마당에 널다가 비가 오면 급히 마루로 옮겼던 기억이 생생하다. 사랑채의 마루인 청풍헌에서 할아버지께 한자를 배웠는데 어린 기억에 마루가 상당히 높게 느껴졌다고 한다. 그러던 어느 날, 안동댐이 생기니 집을 옮기라는 소식이 전해졌다.

선친은 근심 가득한 모습으로 도시락을 싸들고 다니며 집 옮길 자리를 찾아 헤맸다. 안동 곳곳을 다니던 선친이 정한 곳은 지금 치암고택이 자리한 안막동이다. 이곳이 퇴계 선생을 모시는 도산서원으로 가는 길목이기 때문이었다고.

10. 사랑채 전경
11. 아침 산책길의 선물
12. 치암고택에서 전통악기 배우기
13. 치암고택의 다도체험
14. 즐거운 염색체험
15. 치암고택에서 배우는 안동탈춤
16. 염색체험과 바비큐 파티가 흥겨운 저녁 풍경

치암고택의 방 이름과 청풍헌에 걸린 글귀, 주련 등은 모두 퇴계 선생의 가르침을 담고 있다. 특히 사랑윗방에 걸려있는 징분질욕(懲忿窒慾)은 퇴계 선생의 글씨로 '군자는 마음에 못을 막아 쏟아지는 분노를 억제하고 욕심을 막는다'는 의미다. 이동수 씨 역시 천원 권을 항상 지니고 다닌다고 한다. 앞면의 단아한 퇴계 선생 모습과 함께 뒷면의 계상정거도(溪上靜居圖)는 틈만 나면 살펴본다고. 퇴계(退溪) 선생이 호로 삼을 정도로 청명했던 개울(溪) 가까이 '계상서당에 앉아 경(敬)을 하고 있는 모습' 때문이다.

치암고택에는 본채 동쪽으로 잠룡당이라는 작은 연못이 있다. '용이 되어 하늘을 나는 것과 같이 군자가 되기 위해 끊임없이 노력 한다'는 뜻이니 치암고택에 머물며 계상정거도의 퇴계 선생처럼 '경'의 자세로 앉아 징분질욕을 마음에 새기며 잠룡당의 용과 같은 군자의 자태를 익혀보자.

참고 _ 『안동의 명현당호』 (안동민속박물관, 2002), 『안동문화재대관』 (안동시, 2007),
치암고택 홈페이지 www.chiamgotaek.com 퇴계 15대손 이동수 선생, 이동수 선생 개인 블로그

치암고택 여행수첩

주소 : 경상북도 안동시 안막동 119-1

전화 : 054-858-4411

치암고택에는 숙박할 수 있는 방이 여럿 있다. 사랑채의 성명재 경업재는 낙성당 마루와 함께 사용가능하며 묶어서 1박 기준 4인에 13만원이다. '진실되고 거짓 없는 마음을 갖자'는 성명재는 군불을 때는 따끈따끈 온돌방이고 경업재는 욕심을 버리고 경건한 태도를 유지하자는 방이다. 청풍헌과 이어지는 호도재는 3인에 8만원이며, 대문채의 석척재, 일건재, 학구재는 2인 기준 4만원씩이다. 바깥채의 상덕재 계명재는 4인기준 10만원씩으로 주방과 TV, 에어컨, 개별 화장실이 구비되어 있다. 아담한 정원에 각종 화초가 아름답게 피고 푸름이 가득한 치암고택에 밤이 찾아오면 별빛을 헤며 소슬바람, 소쩍새 소리와 친구가 되니 절로 군자의 면모가 길러진다.

찾아가는 길

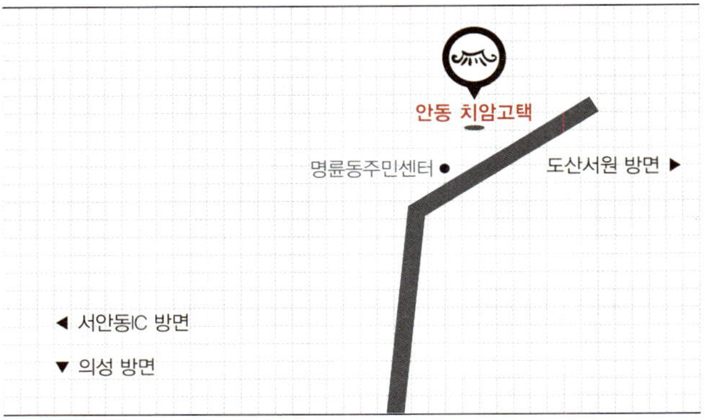

서안동IC에서 안동 방면으로 우측방향, 34번 국도로 10km 달리면 천리고가교 북단이다. 여기에서 도산서원 방면으로 좌회전해 퇴계로를 3km 정도 가다 우회전해 80m 직진 후 다시 우회전하면 100m 거리에 치암고택이 있다.

다른 잠자리

치암고택 바로 옆에 향산고택(054-858-4411, 852-6121)이 있으며 서후면에는 〈음식디미방〉을 지어 안동의 신사임당이라 불리는 안동 장씨가 태어난 경당종택(054-852-2717)이 있고, 조선의 풍류를 즐길 수 있는 칠계재(054-852-2649)도 추천할만하다.

맛있는 집

안동에 가면 한 번 쯤 맛보는 안동찜닭은 안동 구시장에 있는 찜닭골목을 찾으면 된다. 여러 집이 있으며 맛은 비슷비슷하다. 안동찜닭 골목에서 안동문화의 거리를 지나면 안동한우골목이 조성되어 있다.

여행코스

1 이천동 석불상　2 귀래정　3 원이엄마 동상　4 안동소주 박물관

1 이천동 석불상

안동시 북쪽 이천동 태화산의 산록 제비원에 있는 고려시대의 불상으로 '제비원 미륵'이라고도 한다. 얼굴의 강한 윤곽이나 세부적 조각 양식으로 보아 11세기 무렵의 불상으로 추정된다.

2 귀래정

귀래정(歸來亭)은 이굉(李浤, 1414~1516)이 조선 중종 8년(1513) 벼슬에서 물러나 안동으로 온 후 지은 정자다. 고택 음악회와 더불어 다례를 배울 수 있고 지나는 길에 들러 차 한 잔 하고 가도 부담 없는 곳이다.

3 원이엄마 동상

고성이씨 이응태(李應台,1556~1586)의 부인으로 이응태의 무덤에서 발견된 한글편지의 주인공이다. 애절한 사랑의 편지로 '400년 전의 사랑'이라는 소설 같은 감동을 전하고 있다.

4 안동소주 박물관

안동소주 양조에 필요한 도구 등 관련용품 660여 점을 소장, 전시하고 있다. 체험장 시음장이 있으며 관혼상제 상 차리는 법, 수라상, 여왕 생일상 등도 전시되어 있다.

17

17. 잠룡당과 치암고택의 사랑채 일부 18. 치암고택 대문채 툇마루에서 보이는 풍경

치암고택에서 만나는 편액과 주련

성명재(誠明齋) : 사랑채 아랫방의 이름이며, 성(誠)이란 자연의 성실함을 닮아서 사람마다 성실하고 정성(精誠)스러움을 밝혀서 진실되고 거짓 없는 마음을 갖자는 뜻이다.

호도재(浩道齋) : 사랑채 누(樓)마루 방 이름이며, 맹자(孟子)가 말하는 천지간에 가득한 지강정대(至剛正大)한 기운인 호연지기(浩然之氣)를 길러서 사람마다 가슴에 사특(邪慝)한 기운을 제거한다는 뜻이다.

청풍헌(淸風軒) : 사랑채 누(樓)마루 이름이며, 잠시나마 오욕(汚辱)이 가득한 세속을 떠나 성현의 가르침인 맑고 깨끗한 바람을 대하면서 속세의 더러움을 깨끗하게 씻는 마루라는 뜻이다.

석척재(夕惕齋) : 문간채 서쪽방 이름이며, 역경 중천건괘(重天乾卦)에 나오는 말로 「終日乾乾 夕惕若 厲 无咎」에서 '군자가 종일토록 조심하고 조심하여 저녁때까지 두려워 할 것 같으면 위태로우나 허물은 없을 것이다'에서 저녁까지 조심하여 착한 천성을 보존하라는 말이다.

학구재(學究齋) : 문간채 중간방 이름으로, 자연의 이치를 궁구하고 이를 본받아 자신의 본성을 발휘한다는 궁리진성(窮理盡性)의 의미가 있다.

졸성실(卒性室) : 문간채 화장실을 말하는데 사람이 먹고 마시고 배설하는 것은 졸렬한 본성이지만, 하늘로부터 부여받은 착한 본성은 죽을 때까지 지켜가야 한다는 의미이다.

탁청실(濯淸室) : 문간채 샤워실로써, 선비가 깨끗한 물에 갓끈을 씻는 마음으로 항상 자신의 몸과 마음을 깨끗이 하여 맑고 깨끗한 도덕사회가 되도록 노력해야 된다는 말이다.

간이재(簡易齋) : 바깥채 아랫방 서재(書齋)이름, 역경 계사전(繫辭傳)에 나오는 말로서 주역의 이치는 이간(易簡), 즉 알기 쉽고 간단명료하게 되어 있어서 천하의 이치를 체득하기 쉽다는 뜻이다.

안동 옥연정사

바람도 쉬어가는 징비록의 산실

낙동강 줄기가 태극 모양을 그리며 돌아 부용대 절벽 아래서 북으로 용트림을 한다. 그래서 물돌이동 하회마을은 천하의 명당이다. 예로부터 '명당에서 사람 난다'고 했으니 풍산 류씨 집성촌인 하회마을은 수많은 인재를 품어냈다. 서애 류성룡은 그 중 대표적인 인물이다. 벼슬을 물리고 조용히 지내며 징비록을 짓던 그곳에서 하룻밤 깊은 사색에 잠겨보자.

글과 사진 _ 이동미

하늘이 낸 인물 서애 류성룡

하회마을은 천하의 명당으로 걷는 걸음걸음 감탄사를 자아내게 한다. 그림처럼 아름다운 이곳 하회마을에서는 600년 전부터 풍산 류씨가 살았고 지금도 150여 가구 중 75% 정도가 풍산 류씨로 조선시대에만 대과 급제 21명, 무과 급제 5명, 생원·진사 합격 73명을 배출한 곳이다. 하회마을이 키워낸 인물 중 서애(西厓) 류성룡(柳成龍, 1542~1607년)은 조선 선조 때의 문신으로 도산서원에서 수학할 때 퇴계 이황이 류성룡을 일컬어 '하늘이 낸 인물'이라 칭찬했었다.

일본의 침략을 눈치채고 권율과 이순신을 천거해 임진왜란 3대첩 가운데 행주대첩과 한산도대첩을 일궈내는 등 임진왜란으로부터 조선을 지켜냈다. 대사헌,

1. 서당채의 마루
2. 세심재 오른쪽 방의 모습
3. 옥연정사 이정표
4. 옥연정사 쪽에서 바라보는 하회마을
5. 옥연정사 전용신발인 고무신

영의정 등 주요 관직을 두루 거친 후 돌아와 조용히 지내며 후세를 위해 임진왜란 당시의 상황을 기록한 징비록(懲毖錄, 국보 제132호)을 집필했으니 이곳이 바로 옥연정사다. 옥연정사는 화천이 하회마을을 시계 방향으로 휘감아 돌다가 반대 방향으로 바꾸는 옥소(玉沼)의 남쪽에 있다. 소의 맑고 푸른 물빛을 따서 옥연정사(玉淵精舍)라 부른다.

6

7

8

9

푸른 하늘과 푸른 물로 마음을 씻는 곳

옥연정사로 가기 위해서는 하회마을 선착장에서 배를 타야한다. 서애(西厓, 서쪽 절벽이라는 뜻)라는 류성룡 선생의 호처럼 그의 종택이 있는 하회마을의 서쪽 벼랑에 자리하고 있다. 눈부신 백사장에 내려 고개를 들면 옥연정사의 흙담과 기와가 보인다. 간죽문(看竹門)에 들어서면 가운데 마루 감록헌(瞰綠軒)을 두고 좌우로 방 1칸씩 세심재(洗心齋)가 있는 서당채 건물이다. '옥연서당', '광풍재월'이라는 편액이 걸려 있는 감록헌은 왕희지의 '우러러 푸른 하늘을 바라보며 아래론 푸른 물 구비 바라보네'라는 시어에서 따온 것이고 세심재는 '마음을 닦고 씻는 곳'이라는 뜻이니 푸른 하늘과 푸른 물로 마음을 씻었음이다.

서당채에서 뒤로 살짝 물러난 곳에 원락재(遠樂齋)가 있다. 논어의 구절 중 '有朋이 自遠方來하니 不亦樂乎'에서 따온 것으로 친구의 내방을 기다린다는 뜻

6. 화천서원 쪽 문으로 들어가는 모습
7. 서당채 전경
8. 옥연정사의 전경
9. 옥연정사와 백사장
10. 옥연정사 방명록
11. 옥연정사 지킴이 김상철 씨
12. 징비록을 쓰던 마루 감록헌

이다. 2칸 마루 애오헌(愛吾軒)과 더불어 원락재는 류성룡 선생이 주로 기거하신 방이고 징비록 집필은 감록헌에서 했을 것으로 추측된다.

옥연정사는 병자년(선조 9년)에 짓기를 시작했지만 청빈한 류성룡은 집 지을 돈이 부족했다. 이 때 탄홍(誕弘) 스님이 자원해 곡식과 베를 조달하니 10년이 지난 병술년(선조 19년)에 완공되었다. 옥연정사 앞마당에는 수령 450년 된 종송(種松)이 있다. 류성룡이 어린 소나무를 심으며 이 나무가 커서 그늘을 드리울 정도로 자란 모습을 볼 수 없음을 안타까워하는 시를 남겼는데 류성룡은 이 나무를 심고 3년 후 세상을 떠났다. 새털같은 비비추가 핀 흙담 너머로 새하얀 모래사장과 푸른 하늘 아래 하회마을을 감싸는 화천이 흐른다.

13

14

15

서애 류성룡처럼 옥연정사 즐기기

현재 옥연정사는 김정희 김상철 부부가 위탁관리하고 있다. 충효당(서애 류성룡 선생의 종택) 종손 어른의 허락으로 421년 만에 옥연정사의 문을 열어 역사의 현장에 머물 수 있도록 한 것이다. 이들 부부는 옥연정사에 대한 궁금증 해결사이기도 하지만 옥연정사에 대한 사랑이 참으로 지극하다. 이들이 보여주는 방명록만 보아도 알 수가 있다. 조선시대 서책처럼 만든 방명록에는 이제껏 다녀간 사람들이 남긴 글과 그림과 시가 담겨있는데 영어, 일본어, 태국어, 아랍어 등 국적도 다양한 사람들이 어느새 옥연정사 마니아가 되어 있었다.

옥연정사에서는 어떻게 지내면 좋겠느냐는 물음에 옥연서당기(玉淵書堂記)를 권한다. 옥연서당기는 옥연정사를 마련한 다음 류성룡이 자신의 생각을 적은 글이다. 그 글에 따르면 원지정사는 마을이 멀지 않아 그윽한 맛을 누리기에 아쉬움이 있었음을 알 수 있다. 일부러 배를 옥연정사 편에 매어두면 사람들이 모래사장에 와서 소리를 지르다 지쳐서 돌아가곤 했다는 이야기도 있다. 또한 류성룡은 세상과 한 발짝 떨어진 옥연정사에서 서적과 친구하며 그 의미를 찾기도

16

17

18

19

20

13. 옥연정사로 향하는 나룻배
14. 옥연정사의 기와
15. 방명록의 그림과 글로 만든 옥연정사 엽서
16. 서애 류성룡의 종택인 충효당의 종손 류영하
17. 원심재 방안 모습
18. 옥연정사의 정문인 간죽문
19. 옥연정사 아침식사
20. 원심재에서 바라보이는 마당의 종송

하고, 산과 계곡을 거닐고, 바위에 앉아 푸른 하늘을 바라보며, 흰 구름과 물고기와 새들과 어울려 지내며 마음이 즐거웠다고 책은 전하고 있다. 이것이 바로 류성룡처럼 옥연정사를 즐기는 방법이 아닐까 싶다.

이른 아침 간죽문을 나서면 소나무 한그루가 서있는 작은 공터가 반긴다. 그곳에 언제부터였는지 모를 낮은 바위가 땅에 박혀 있으니 걸터앉아 새벽풍경을 감상해보자. 400년 전 류성룡이 그 바위에 그렇게 앉아 하회마을을 바라보았을 것이다. 한 폭의 동양화 같은 풍경 속에서 조용히 삶의 근본을 일깨워보는 곳이 옥연정사다.

참고 _ 한국전통정원(2007, 정재훈, 도서출판 조경), 옥연정사 홈페이지 www.hahoehouse.co.kr, 옥연서당기(2004. 3. 7. 13대손 류영일 번역), 만화 유성룡 징비록(2009, 주니어 김영사)

옥연정사 여행수첩

주소 : 경상북도 안동시 풍천면 광덕리 20

전화 : 054-857-7005　　　　　　홈페이지 : www.hahoehouse.co.kr

옥연정사는 홈페이지나 전화로 예약할 수 있다. 도착하면 고무신을 내준다. 옥연정사 내의 전용신발인 셈이다. 원락재와 세심재에서 묵을 수가 있는데 류성룡 선생이 머물 때처럼 미색에 군청색을 매치시킨 광목이불이 기다린다. 옥연정사에 TV는 없다. 대신 여러 가지 읽을거리가 구비되어 있고 아이들을 위한 만화 징비록도 있다. 2인 기준 원락재가 20만원, 세심재는 17만원 씩이다. 여기에 1명 추가시마다 5만원이 더해진다.

찾아가는 길

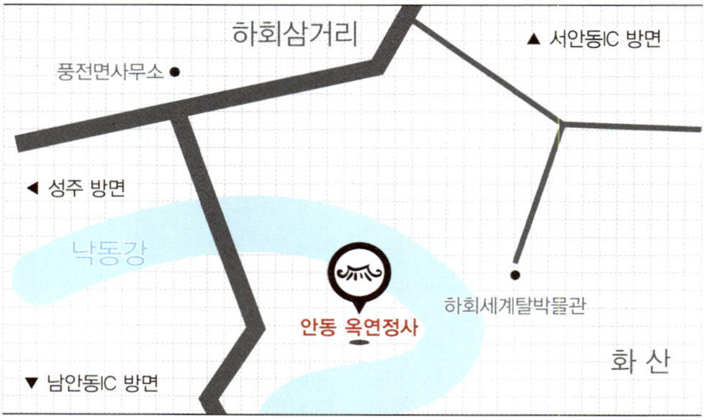

하나. 하회마을에서 나룻배를 타고 들어간다.

둘. 중앙고속도로 서안동IC에서 우측방향 3km 지점에서 안동하회마을 방면으로 우회전. 3.2km 지점 안교 사거리에서 하회마을 방면으로 좌회전해 지풍로를 6km 정도 달려 도양삼거리에서 남안동IC 방면으로 좌회전한다. 이 후 1km 지점에서 옥연정사 방면으로 좌회전하면 광덕솔밭길 770m 지점에 옥연정사가 있다.

21. 종송과 서당채

안동 임청각

아홉분의 독립운동가를 낳은 집

안동 영남산 기슭에 집 한 채가 있다. 낙동강을 건너며 마주하는 단아한 모습의 고택은 포근한 산맥이 뒤를 감싸고 앞으로 탁 트인 전경에 도도한 낙동강이 흐른다. 가히 호연지기를 품을 만한 집이며 안동 선비의 기개가 절로 길러지는 곳이니 이곳에서 나라를 구하고자 온몸을 던진 독립운동가가 여럿 나왔다. 이곳은 임청각이다.

글과 사진 _ 이동미

배를 타고 낙동강을 건너 들어가던 임청각

고택 임청각(臨淸閣)은 낙동강 가에 길게 자리하고 있다. 대문이 낙동강과 붙어 있어 강릉의 선교장처럼 배를 타고 들어갔다 한다. 대문은 누대로 지어 2층에 앉아 낚시를 하였다고 하니 가히 선비의 풍류가 넘치는 집이다. 임청각이라는 이름은 도연명의 귀거래사 중 '登東 而舒嘯 臨淸流而賦詩(동쪽 언덕에 올라 길게 휘파람 불고 맑은 시냇가에서 시를 읊조린다)'에서 취한 것이니 집 분위기가 절묘하게 맞아 떨어진다.

임청각 앞으로는 강원도 태백 황지에서 발원한 낙동강과 영양 일월산에서 발원

1. 위패가 없는 임청각의 사당
2. 퇴계 이황이 쓴 임청각 글씨
3. 고택의 세면실
4. 고택 스테이의 진수를 느낄 수 있는 임청각의 옛날 방
5. 임청각 건물 뜰에 널어놓은 무말랭이

한 반변천(半邊川)이 만나 어우러지고 있다. 합수머리는 대개가 명당인데 백두대간이 태백산에서 남쪽으로 뻗어 내린 영암산이 집 뒤를 받치니 임청각의 자리는 영락없는 배산임수의 명당이다. 집 앞으로 넓은 백사장이 펼쳐지고 집 뒤로 백로가 무리지어 놀았을 터이니 한 폭의 살아있는 동양화 속 풍경이다. 그러고 보니 이중환이 택리지에서 임청각을 귀래정, 영호루와 함께 고을 안의 최고 명승지라 했었다.

임청각(보물 제182호)을 지은 이는 중종 때 형조좌랑을 지낸 이명(李洺)이다. 잠시 가계도를 살펴보면 제일 위에 고려 말의 행촌(杏村) 이암(李嵓)이 나온다. 상고사의 귀중한 자료인 '한단고기'의 '단군세기' 편을 저술한 학자다. 행촌의 손자가 세종 때 좌의정을 지낸 이원(李原)이고 이원의 여섯째 아들로 영산 현감을 지낸 이증(李增)이 이곳 풍광에 매료되어 입향조가 되었으며 이증의 셋째 아들인 이명(李洺)이 의흥현감을 사직하고 중종 10년(1515년)에 임청각을 지었다.

6

7

8

정승 세 명이 나온다는 임청각의 우물방

선조들은 집을 지을 때 음행오행설이나 풍수지리에 의해 문자형 구조로 짓곤 했는데 임청각은 일(日)자, 월(月)자 또는 합쳐서 용(用)자형이라 한다. 하늘의 일월을 지상으로 불러 천지의 정기를 화합시킨다는 의미를 담고 있다. 앞은 낮고 뒤가 높아 전형적인 전저후고(前低後高)형 건물로 남녀별, 계층별로 구분되어 있고 안채와 바깥채 사이의 기단이 2m나 되어 건물 간의 위계질서를 분명히 한다. 이는 햇빛이 잘 들도록 채광효과를 높이는 효과도 가지고 있다. 각 동 사이에는 크고 작은 5개의 마당을 두어 공간의 활용도를 높이고 있다.

이 집에서 주목받는 곳은 안채로 들어가는 중문 앞쪽 방이다. 영남산의 지맥으로 형성된 지기가 뭉친 곳으로 종중 안내책자에는 산청(産廳)으로 소개하고 있다. '정승 셋을 낸다.'는 방으로 혈의 생기가 넘쳐 절로 솟는 진응수가 나는 영

6. 임청각의 안채 7. 담장 너머로 보이는 임청각의 전경 8. 배롱나무 꽃이 곱게 핀 군자정 9. 임청각의 안채
10. 별채이자 정자인 군자정의 출입구 11. 삼정승이 난다는 임청각의 우물방

천(靈泉)이 앞에 있어 우물방이라고도 한다. 이 방에서 석주(石洲) 이상룡(李相龍·1858~1932)이 태어났다. 그 외 9명의 독립유공자와 임진왜란 때 선조를 업고 피난 간 약봉 서성도 이곳에서 태어났다.

서성은 임청각의 외손으로 어머니가 친정인 우물방에 와서 해산했다고 한다. 애국시인 이육사 형제들도 어려서부터 종고모 집인 임청각에 드나들었다 하니 그들도 이 집의 정기를 받았다 할 수 있을 것이다.

12

13

14

15

16

조상의 위패가 없는 임청각의 사당

임청각은 일제강점기를 지나며 심각하게 훼손되었다. 중앙선이 놓이며 대문간과 행랑채가 헐려나가 일자 월자 등의 구조가 틀어졌고 배를 타고 도착하던 입구에는 흉물스런 철로가 놓여 밤낮으로 요란한 소음과 먼지만을 전해준다. 강을 건너면서 바라보던 웅장한 자태도 철다리에 가로막혀 볼 수가 없다. 일제가 집의 맥을 끊기 위해 일 부터 중앙선 철로(1936년 착공 1942년 개통)를 놓았기 때문이다. 독립운동가가 많이 나오는 집이라 하여 아예 집을 없애려는 것을 지역사회의 결사반대로 지금의 모습이 되었다고 한다.

임청각의 우측에는 사랑채이며 정자인 군자정이 위치한다. 화려한 누마루에 단아한 맞배지붕의 군자정 안에는 이 집의 당호 '臨淸閣' 현판이 있는데 퇴계 선생의 친필이다. 군자정 옆쪽 언덕 위에는 사당이 있다. 원래 위패가 모셔져 있어야

17

18

19

20

12. 평화로운 임청각의 아침 13. 임청각의 담장 14. 임청각의 종손 이항증 15. 임청각으로 가는 길목의 철길과 굴다리 16. 군자정의 소박한 아침상 17. 군자정에서 보이는 낙동강 18. 군자정에서 난 아홉명의 독립운동가 19. 도란도란 이야기를 나누는 임청각의 밤시간 20. 우물방에서 보이는 마당과 영천

하지만 고성 이씨의 종택인 임청각 사당에는 조상의 위패가 없다. 경술국치(庚戌國恥)를 당하자 석주 이상룡이 위패를 전부 땅에 묻고 떠났기 때문이다.

삭풍이 몰아치던 1911년 1월 5일, 52세의 나이에 50여 명의 식솔을 이끌고 서간도로 망명해 우당 이회영과 같이 신흥무신학교를 세워 독립군을 키워냈다. 독립군자금을 마련하기 위해 석주선생은 만석 재산을 다 팔고 그것도 모자라 임청각까지 팔기를 세 번이나 했으나 매번 고성 이씨 문중에서 다시 사들였다한다. 많은 세월이 흘렀지만 일본에 의해 훼손당한 임청각은 아직 제 모습을 찾지 못하고 있다. 대한민국의 아픈 역사를 고스란히 담고 있는 임진각은 후세들에게 살아있는 역사 교과서 역할을 하고 있다.

참고 _ 아직도 내 귀엔 서간도 바람소리가(독립투사 이상룡 선생의 손부 허은 여사 회고록, 1995, 정우사), 우리민속이야기(임청각 산실에 전하는 이야기, 안동넷), 임청각 소개서(고성 이씨 법흥종회 발간), 임청각 홈페이지 www.imcheonggak.com, 지혜로 지은 집 한국건축(2011, 현암사)

임청각 여행수첩

주소 : 경상북도 안동시 법흥동 20

전화 : 054-853-3455　　홈페이지 : www.imcheonggak.com

임청각에서 가장 인기 있는 방은 역시 우물방이다. 2인 기준 7만원이며 중채는 안마당과 행랑채 마당 그리고 사랑채 마당의 전망이 좋은 곳으로 큰방 4인기준 10만원, 작은방 2인 기준 5만원이다. 안채에는 욕실이 딸린 큰방이 있으며 넓고 시원한 마당을 함께 사용할 수 있고 건넌방 6인기준 12만원이며 별채이자 정자인 군자정은 6인 기준 20만원이다.

찾아가는 길

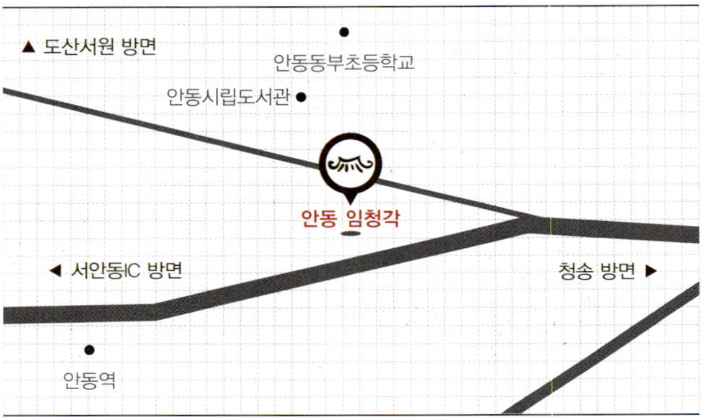

중앙고속도로 서안동 IC에서 안동 방면으로 우측방향이다. 34번 국도를 11.37km 정도 달려 안동역 교차로 지나 경서로에서 유턴, 84m 지점에서 우측방향으로 가다가 40m에서 우회전해 동흥2길을 80m 간 후 다시 우회전해 동흥3길을 115m 간다. 좌회전 후 25m 직진, 이후 우회전해 동흥4길을 100m가면 임청각이다.

다른 잠자리

임청각 바로 옆에 영남 양반문화의 모든 것을 보여주는 고성 이씨 탑동 종택(054-859-1149)이 있다. 안동 남쪽 지역에는 현골 정부자로 유명했던 동래 정씨 정원달의 가옥인 두릉고택(054-823-8000)과 응계 옥고선생과 보백당 김계행을 향사하는 묵계서원((사)경북미래 문화재단 054-841-2433으로 예약)에서도 잘 수가 있다.

맛있는 집

안동하면 무엇보다 간고등어와 헛제삿밥을 먹어봐야한다. 전통음식의 거리가 조성된 월영교 앞 양반밥상(054-855-9900)과 까치구멍집(054-855-1056)이 추천할 만하다. 맛 50년 헛제사밥(054-821-2944) 등에서도 먹을 수 있다.

여행코스

1 신세동7층전탑　2 안동민속박물관　3 KBS 드라마 세트장　4 안동댐

1 신세동7층전탑

국보 제16호. 국내에서 가장 크고 오래된 통일신라시대 7층전탑이다. 이곳의 지명이 법흥리인 점을 미루어 통일신라시대에 창건되었다는 법흥사(法興寺)에 세워졌던 전탑으로 추정된다.

2 안동민속박물관

안동의 유교문화를 주제로 했으며 특히 관혼상제(冠婚喪祭)에 관해 볼 것이 많다. 안동의 전통 의식주와 양반들의 생활문화, 모형으로 만든 민속놀이 재현도 볼만하다.

3 KBS 드라마 세트장

옛날 고을의 관아를 비롯해 감옥과 민가 및 저잣거리, 염색공장 등 촬영용 건물들이 모여 있다. 특수제작 되어 반영구적으로 튼튼하게 지어졌으며 기념 촬영하기에도 좋다.

4 안동댐

4대강 유역 종합개발계획의 하나로 이루어진 다목적 댐으로, 경관이 수려하고 낚시꾼들이 좋아할 입질 좋은 포인트가 많다. 선착장이 있어 유람선 이용도 가능하다.

안동 북촌댁

안동 하회마을의 명품고택

낙동강 줄기가 감싸 안으며 산태극 물태극의 형상이 신비로운 안동 하회마을. 민속적 전통과 건축물을 잘 보존한 하회마을은 600년을 이어온 풍산 류씨 씨족 마을로 양진당 충효당 주일재 등 전통의 숨결이 살아있는 고택들이 많다. 이 중 전통과 학문 뿐 아니라 배려와 베품으로 진정한 노블레스 오블리제를 실천하는 명품고택 북촌댁이 있다.

글과 사진 _ 이동미

한국의 전통이 살아있는 물돌이동 하회마을

돌과 흙과 햇살이 초가지붕과 도란도란 이야기를 나누는 하회마을에 들어서면 아늑함과 포근함이 느껴진다. 하회마을은 화천(花川)의 흐름에 따라 남북으로 큰 길이 나 있는데, 이를 경계로 위쪽을 북촌, 아래쪽을 남촌이라한다.

경주양동마을과 더불어 '한국의 역사마을'로 2010년 유네스코 세계문화유산으로 등재된 안동하회마을은 영국 엘리자베스2세 여왕이 방문한 가장 한국적이면서 세계적인 곳이다. 이 곳 하회마을에서도 북촌의 중심인 '북촌댁(北村宅, 중요민속문화재 제84호)'은 위풍당당하던 사대부가의 자존심이 그대로 살아있는 고택이다. 서애 류성룡의 8대손인 지중추부사 류사춘(柳師春; 1741~1814)이 정조

1. 하회마을 물돌이를 닮은 300년 소나무
2. 북촌유거의 전면(사진제공 북촌댁)
3. 북촌댁의 사랑채 전경
4. 북촌댁의 사랑채 공간
5. 둥근 기둥이 멋스런 큰사랑의 툇마루

21년에 작은 사랑과 좌우익랑(左右翼廊)을 건립한 뒤, 류사춘의 증손 석호(石湖) 류도성(柳道性)이 안채, 큰사랑, 대문간, 사당을 건립해 지금의 모습이 되었다.

정3품 이상의 벼슬이 내려진 가문에만 세울 수 있었던 솟을대문을 들어서는 순간부터 '집 자체가 최고의 볼거리'임이 한 몸에 느껴진다. 대지 1700평에 72칸으로 칸수로만 따진다면 하회마을에서 가장 규모가 크다. 재산은 3000석, 안동을 비롯한 영남 일대에서 7대 200년간 부와 명예를 누렸다.

6

7

8

9

배려와 베품으로 적선지가를 실천하는 집

가마간 마굿간이 있는 대문채를 들어서면 사랑채 공간이다. 사랑채는 할아버지가 거처하던 큰사랑 북촌유거(北村幽居), 아버지가 거처하던 중사랑 화경당(和敬堂), 손자가 거처하던 작은사랑 수신와(須愼窩)로 구성되어 있다. 북촌유거 누마루에 앉으니 동쪽으로 화산이 보이고, 북쪽으로 부용대와 강물, 남쪽으로는 남산이 마주해 하회마을의 풍광이 한눈에 들어온다. 큰 사랑방에서는 하회마을을 S자 모양으로 감싸도는 낙동강과 똑같은 모양으로 자라는 뒤뜰의 300년 소나무가 액자 속 그림처럼 멋스럽게 보인다. 실로 절묘한 풍광이다.

수신와는 '교만하지 말고 어렵게 사는 이웃을 생각해서 언제나 자신을 낮추라'는 의미를 담고 있다. 그래서 북촌댁은 생산량의 6~7할을 소작료로 걷을 때에도 4~5할만 받았고 독립운동에 많은 재산을 내놓고 몸소 투신하였다. 석호 류도성 때의 이야기도 유명하다. 을해년(1859년) 여름 상갓집에 조문갔다 오던 배가 뒤

6. 화경당 정면모습
7. 북촌유거에서 만난 류세호 선생(사진제공 북촌댁)
8. 북촌댁의 전경(사진제공 북촌댁)
9. 북촌유거의 큰사랑방
10. 안채의 야경(사진제공 북촌댁)
11. 예술작품같은 안채의 모습
12. 대문채에서 보이는 북촌댁의 화경당과 수신와
13. 별당터 주춧돌 위의 감

집힌 사건이 있었다. 이 때 북촌댁에는 증축을 위해 쌓아둔 나무가 있었는데 봉화에서 공수해 하나하나 돌판 위에 찌고 말리고 다시 마당에 널고 말리기를 3년간 반복한 춘양목이었다. 류도성은 주저 없이 춘양목을 강으로 던져 사람을 구하게 하고 밤에는 불을 질러 대낮같이 밝히며 많은 이들의 목숨을 구해냈다.

이뿐만이 아니다. 북촌댁에서는 뒷간까지도 예사롭지않다. 북촌댁 뒷간은 담장 안과 밖 사이에 걸쳐져 있다. 이는 북촌댁 사람들은 물론 길가는 이들 누구라도 급할 때 이용하라는 배려인 것이다. 집안 노비들은 '이하노비(籬下奴婢)' 또는 외거노비(外居奴婢)라 하여 집밖에 살면서 출퇴근을 하였다. 그래서 많은 이들이 북촌댁을 학문이 높은 부잣집으로만 기억하는 것이 아니라 '적선지가(積善之家, 착한 일을 많이 한 집)'로 존경하고 있다.

14

15

16

17

18

한옥박사이자 북촌댁 지킴이 류세호 씨

수신와를 지나 안대문을 들어서면 북촌댁의 안주인이 기거하는 안채가 나온다. 북촌댁은 안채와 사랑채가 'ㅁ'자로 구성된 전형적인 양반주택으로 'ㅁ'자형 건물 주위에 사당, 별당 등 부속 건물들이 배치되어 있다.

안채는 중앙에 마당을 두고 전면에 부엌, 안방, 대청, 고방, 윗상방, 툇마루, 아랫상방을 두고, 오른쪽엔 큰 사랑으로 통하는 중문, 왼쪽엔 아랫광, 뒤주, 문간방을 두었다. 다락형태의 공간인 안채 이층은 북촌댁의 유일한 비공개 공간이다.

이곳 안채에서 정조 시대 예조·호조 참판을 지낸 류이좌 선생의 7대손 류세호 씨와 그의 아내 김일주 씨가 생활한다. '내셔널 트러스트'와 함께 문화유산 보존 활동에 참여하고 있는 류세호 씨는 자신을 이 집의 주인이라 생각하지 않는다.

14. 담장 안과 밖에 걸쳐진 뒷간 15. 북촌유거의 대청마루 16. 북촌유거의 발전자형 6칸겹방 17. 안채 윗상방 모습
18. 안채의 안부엌(사진제공 북촌댁) 19. 북촌댁의 장독대 20. 안채로 가는 안대문(사진제공 북촌댁)

또한 북촌댁은 상속받은 재산이 아니라 조상에게 물려받은 문화유산이며 이를 후손에게 제대로 물려주는 것이 자신의 임무라 생각한다. 해서 모자람이 있을까 염려하며 전국의 대목, 와공, 미장공, 구들공, 석공 등 한옥 장인들에게 배우고 옛 문헌을 끊임없이 공부해 이제는 한옥박사가 다 되었다.

가장 한국적인 것이 세계적인 것이며 한옥은 사람이 살며 가꾸어야 제 맛이 살아난다고 한다. 군불을 때 그 열기가 구들개자리와 구들고래를 지나 괫돌과 고래개자리를 덮히고 연도를 통해 굴뚝으로 나가야 구들장이 뜨거워지며 집도 열기를 품고 숨을 쉰다는 것이다. 집 뒤쪽 별당터에 아담한 박물관을 들이고픈 류세호 씨가 가꾸고 사랑하는 북촌댁은 단지 '건물'이 아니라 우리가 지키고 보전해야 할 '전통문화 그 자체'이며 '숙제'임이 틀림없다.

참고 _ 지혜로 지은 집 한국건축(2011, 현암사, 김도경), 한국건축답사수첩(2010, 동녘, 한국건축역사학회), 북촌댁 홈페이지 www.bukchondaek.com, 학서 류이좌의 17대손 류세호 선생.

북촌댁 여행수첩

주소 : 경상북도 안동시 풍천면 하회리 706

전화 : 054-853-2110　　　　　홈페이지 : www.bukchondaek.com

북촌댁은 문화체육관광부와 한국관광공사가 실시하는 명품고택 중 시범고택이다. 고택 건물 뿐 아니라 고가구와 생활소품, 침구까지 명품이기에 숙박비가 다른 곳보다 비싼 편이다. 북촌유거(큰사랑)의 '田'자형 6간겹방과 사랑전체 사용에 4인 기준 100만원, 화경당(중사랑)은 3인 기준 40만원, 수신와(작은 사랑)는 2인기준 20만원이다. 안채는 2인 기준으로 안방 40만원 윗상방과 아랫상방이 각각 20만원 씩이다. 더불어 집주인 류세호 씨와 함께 집의 구조 및 내력을 소상히 듣는 북촌댁 투어가 가능하다.

찾아가는 길

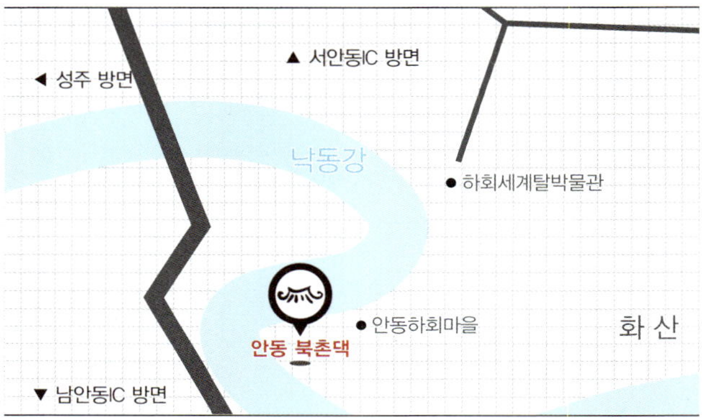

중앙고속도로 서안동IC에서 우측방향 3km 지점에서 안동하회마을 방면으로 우회전한 후 3.22km 지나면 안교 사거리다. 하회마을 방면으로 좌회전해 지풍로를 4.6km 지나 하회 삼거리에서 하회마을 방면으로 좌회전해 1km 진행 후 하회마을 방면으로 우회전, 756m 지나 좌회전하면 1.26km 거리에 북촌댁이 있다.

다른 잠자리

안동 하회마을의 다른 잠자리로는 흙담과 초가가 정겨운 덕여재(054-857-2885) '대하드라마 토지의 촬영장소이기도 한 조용한 민박(054-853-2207)' 오랜 세월의 흔적을 느낄 수 있는 하중재 민박(054-853-2300), 안동의 전형적인 한옥이며 'ㅁ'자형인 고향의 품 민박(054-853-8891) 등이 있다.

맛있는 집

하회마을 입구의 옥류정(054-854-8844)은 헛제삿밥과 간고등어 메뉴가 있고 인근 풍산장터는 황소곳간(054-843-1002)을 비롯해 안동한우 전문점이 모여 있다. 풍산우체국 뒤에 위치한 풍전한정식(054-858-4036)의 안동비빔밥도 인기있다.

여행코스

1 충효당과 양진당　2 만송정 솔숲　3 하회별신굿 탈놀이 전수관　4 병산서원

1 충효당과 양진당

600년 조선양반 문화를 볼 수 있는 하회마을의 필수 코스. 양진당(보물 제306호)은 풍산 류씨 겸암파의 대종택으로 고려와 조선의 건축양식이 공존하는 고택이고, 충효당(보물 제414호)은 조선시대 사대부가 양식의 고택이다.

2 만송정 솔숲

천연기념물 제473호로 지정된 만송정 솔숲은 450여 년 전 마을 서쪽의 약한 지기(地氣)를 보완하기 위해 심은 일종의 비보림(裨補林)으로 방풍림(防風林)과 방사림((防沙林) 방수림(防水林)의 역할을 하고 있다.

3 하회별신굿 탈놀이 전수관

매주 수요일, 토요일, 일요일에 안동하회마을 하회별신굿 탈놀이 전수회관에서 안동하회별신굿 탈놀이 상설공연이 있다. 시간은 오후 2시부터 3시까지. 무료공연이다.

4 병산서원

병산서원은 선현배향과 지방교육을 담당해 많은 학자를 배출한 곳으로, 1871년 대원군의 서원철폐령 때에도 남아 있었던 47개의 서원 중 하나이며, 한국 건축사에 있어서 중요한 유적이다.

이야기가 있는

경북 한옥 예향

영주榮州

영주 만죽재고택

물속에 갇힌 섬마을에서 만난 350년 고택

영주 무섬마을은 육지 속의 섬, 물돌이동에 자리하고 있다. 마을을 휘감고 흐르는 물길은 소백산에서 발원한 내성천이다. 내성천이 만든 섬에는 오랜 역사를 가진 집들이 있다. 그중 350년 역사를 자랑하는 만죽재 고택은 13대를 이어오며 가문과 마을을 지킨 집이다. 오랜 역사를 가진 집에는 이야기도 가득하다. 대를 이어 살아온 만죽재 사람들의 이야기, 그들과 더불어 살아온 마을사람들의 이야기이다.

글과 사진 _ 윤규식

1

선비처럼 욕심 없고 무심한 듯 여유로운 무섬마을

무섬마을에 갈 때면 아무 기대도 하지 않게 된다. 여행이라는 것이 그곳에 갈라치면 눈이 즐겁거나 입이 즐거운 것을 찾게 마련인데, 도무지 이 마을에 갈 때면 아무것도 바라게 되지 않는다. 사실 마을에 아무것도 없다. 심지어 작은 구멍가게도 하나 없다. 어쩌면 그 없음 때문에 무섬마을을 더 찾는지도 모르겠다. 그래서일까? 이 마을에 오면 마음조차 고요해진다.

마을은 금빛 모래밭을 벗삼아 유유히 흐르는 내성천에 갇혀 있다. 세상은 빠르게, 바쁘게 움직이지만 이곳은 언제나 느리고 한산하다. 마치 뭘 그리 급하게 사냐고 비웃기라도 하듯 세상의 바쁨에 별 관심이 없다. 그런 무섬마을 사람들의 삶을 보여주는 공간이 있다. 오랜 세월동안 마을을 외지와 이어주던 외나무

1. 만죽재 고택 별채 2. 고택 체험방 3. 만죽재 현판 4. 안채 벽 5. 만죽재 현판이 걸린 사랑채

다리이다. 마을과 내성천 건너편의 도시를 연결하던 이 다리는 통나무를 반으로 쪼개 이어 만들었다. 다리의 폭은 겨우 한 뼘 남짓. 외나무다리 위에서 두 사람이 만나면 비껴가기 어려운 넓이다. 이럴 땐 어떻게 했을까? 외지로 나가던 사람이 물에 빠져 발을 적시기 어려웠을 터이니 외지에서 마을로 돌아오던 사람이 물로 내려서지 않았을까 싶다. 하지만 그도 연배가 높은 어른을 만난다면 쉽지 않은 일이다. 마을사람들은 이런 어려움을 지혜롭게 해결했다. 강물처럼 구부러진 다리를 따라 중간 중간 비켜 설 수 있는 갓길을 만든 것. 비켜설 수 있는 장소가 가까운 사람이 잠시 길을 내어주고 기다리면 된다.

마을과 외지를 연결하던 이 다리를 사용할 수 있는 때는 가을부터 봄까지이다. 여름엔 강물이 불어 나무가 떠내려가 설치해 둘 수 없었다고. 지금도 여름철엔 다리를 걷어둔다. 하지만 드나듦에는 불편함이 없다. 콘크리트 교량인 수도교가 있기 때문이다. 그렇다고 외나무다리의 존재가 무색해진 것은 아니다. 마을을 찾는 여행자들이 꼭 가봐야 할 장소로 손꼽고 있기 때문이다. 내성천과 어우러진 정취도 콘크리트 다리에 비할 바가 아니다.

반남 박씨 입향시조가 지은 만죽재 고택

무섬마을에는 40여 가구의 기와집과 초가집이 오순도순 모여 있다. 100년 넘은 가옥도 16채나 된다. 마을 어디를 가도 조상들의 발자취와 숨결을 고스란히 느낄 수 있다.

무섬마을에서 가장 오래된 집은 만죽재 고택이다. 마을에 처음 발을 디딘 반남 박씨 판관공파 박수 선생이 집을 지었다. 선생은 안동에서 터를 잡고 살다가 난세를 피해 이곳에 들어왔다 한다.

만죽재를 중수할 때 기왓장을 벗겨보니 '강희 5년 8월 15일'이라는 글씨가 쓰여 있었다. 이를 토대로 건축 연대를 계산해 보면 1666년에 지었음을 알 수 있다. 지금으로부터 무려 350년 전에 지어진 고택인 것이다.

조선시대 선비의 단아한 격식이 느껴지는 만죽재는 'ㄷ'자 형태의 안채와 독립된 팔작지붕의 'ㅡ'자형 사랑채가 어울려 'ㅁ'자형의 평면구조를 이루고 있다.

6. 만죽재 김시해 여사
7. 고택 체험방
8 ~ 9. 만죽재 전경안채 풍경
10 ~ 11. 별채 내부
12. 별채 처마의 등
13. 안채 부뚜막

경상북도민속자료 제93호로 지정돼 있는 만죽재의 가옥 특징은 큰 대문이 측면에 있다는 점이다. 사랑채 옆 정면에도 문이 하나 있지만 측면의 문이 더 크다.

만죽재의 안주인 김시해 여사는 처음 입향조가 집을 지었을 때는 지금보다 훨씬 규모가 컸다고 말한다. 자세한 이유는 알 수 없지만 그 뒤 집을 중수하는 과정에서 규모가 축소되고 지금의 집은 원래 집터의 안뜰에 지어졌다 한다.

박수 선생 이후 만죽재 고택의 후손들은 꾸준히 대를 이어 현재에 이르고 있다. 중간에 아들을 얻지 못해 양자를 들일 법도 한데 한 번도 그런 적이 없었다. 대대로 농사를 지으며 살았던 선조들은 넉넉한 재력을 보유하고 있어 경제적으로도 별다른 어려움을 겪지 않았다. 김시해 여사는 이런 점을 상당히 자랑스럽게 생각하고 있었다. 홀로 큰 집을 지키며 사는 것이 때론 적적할 터이나, 김 여사는 "집을 지킨다는 사명감으로 살다 보니 이제는 그런 느낌도 들지 않는다."고 말한다.

14

15

16

정갈한 손길이 느껴지는 고택의 풍경

사랑채 마루에 앉으면 산들바람이 코끝을 스친다. 반질반질 윤기마저 흐르는 마루의 질감이 세월의 깊이를 더한다. 고택을 지탱하고 있는 나무와 돌들은 직선이 거의 없다. 모두 생긴 그대로 얹고 붙여 자연미가 그대로 살아 있다. 언뜻 보면 제각각인 것처럼 보이지만 전체적으로 보면 조화를 이룬 것이 더욱 정겹게 느껴진다. 여기에 김시해 여사의 깔끔한 성품이 더해진 오래된 세간들이 요소요소에 정갈하게 놓여있어 공간이 꽤나 돋보인다.

안채에서 오른쪽으로 이어지는 계단을 오르면 별채에 닿는다. 주위보다 높은 곳에 있다 보니 툇마루에 앉아서도 마을 풍경을 내려다볼 수 있어 전망이 매우 좋다. 깔끔하게 정돈된 방에 누우면 세상에 부러울 것이 없다. 하루 종일 뒹굴뒹굴 게으름 피우며, 책을 보든, 낮잠을 자든, 무엇을 해도 좋은 공간이다.

인위적이고 억지스럽지 않아 더 없이 좋은 만죽재 고택은 자연스러움이 무엇인지를 알게 하는 공간이다. 바랄 것 없이 찾은 무섬마을이지만, 어쩌면 내심 이런 것들을 만나기를 바랐는지도 모를 일이다. 자연스레, 마을을 걷는 것만으로도 자연을 배울 수 있는 지혜를 말이다.

참고 _ 김시해 여사, 박종남 무섬문화촌장, 무섬마을 문화해설사

14. 만죽재 사랑채 기둥 15. 대문에서 바라본 안채 16. 안채 부뚜막
17. 별채 굴뚝 18. 안채 방문과 우산 19. 현판이 걸린 사랑채

만죽재 여행수첩

주소 : 경상북도 영주시 문수면 수도리 209 무섬마을
전화 : 054-634-0040

만죽재 고택의 사랑채와 별채에서 고택 체험이 가능하다. 사랑채는 5~6인실이며, 별채는 마루를 포함해 7~8인실이다. 이용 요금은 사랑채 7만원이며, 별채는 10만원이다. 별도로 식사는 제공되지 않으며, 사전에 전화를 통해 예약 후 이용할 수 있다.

마을에 편의시설이 전혀 없으므로 도착 전 필요한 물품을 준비해 오는 것이 좋다. 마을에서는 매년 10월 무섬 외나무다리 축제를 개최한다. 이 기간에는 마을대항 씨름대회, 농악 한마당, 사또행차, 참석자 전원 다리 건너기 체험 등의 행사가 펼쳐진다.

찾아가는 길

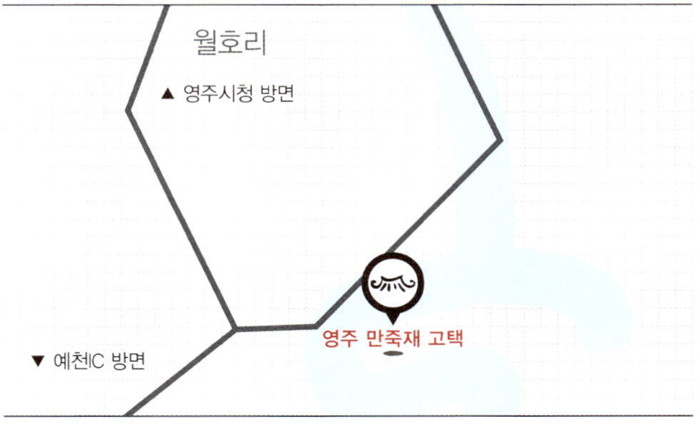

중앙고속도로 영주IC에서 나온 뒤 약600m 뒤에 우회전한 뒤 권선로를 따라 2.2㎞를 이동한다. 갈림길에서 우회전 약 430m를 이동, 좌회전 후 1.9㎞ 이동, 다시 좌회전 후 약 1㎞ 이동, 우회전 후 1.5㎞ 이동, 좌회전 후 2.3㎞ 이동, 다시 우회전 후 90m 가량을 진행하면 무섬마을에 도착한다.

祥雲到門

영주 김뢰진 가옥

금모래 강변을 건너보내야 했던 고운 님

기다란 정원에 갖가지 꽃들이 화사한 김뢰진 가옥은 기와집과 초가집이 사이좋은 남매처럼 서 있다. 까치구멍 집으로 유명한 이 집은 시인 조지훈의 처가로도 많이 알려져 있다. 시인은 이곳에서 혼례를 올린 후 초야만 지낸 채 못 다한 학업을 위해 곧바로 서울로 갔다. 금빛 모래 반짝이는 내성천 너머 저만치, 가는 임도 보내는 임도 애달프긴 마찬가지였으리라.

글과 사진 _ 윤규식

1. 안채 마루

무섬마을에 장가든 시인 조지훈

시인은 장가를 들어도 꼭 이렇게 시 같은 마을로 가는가 보다. 큰 타원으로 흐르는 내성천 물줄기 안쪽으로 폭 파묻힌 무섬마을은 황무지 같은 가슴도 촉촉이 적실 듯 감성적이다. 이 마을에서 시인은 혼례를 올렸다.

혼례 후 신부와 함께 신행을 떠난 시인은 고향집에서 사흘을 머물렀다. 그리고 다시 처가로 초행길에 올라 그곳에 신부를 남겨둔 채 서울로 떠나고 만다. 정들자 이별이란 말도 있지만, 시인과 신부는 정들 틈도 없이 학업을 이유로 이별해야 했다. 시인은 당시의 안타까움을 이렇게 표현했다.

푸른 기와 이끼 낀 지붕 너머로
나즉히 흰 구름은 피었다 지고
두리기둥 난간에 반만 숨은 색시의
초록 저고리 다홍 치마 자락에
말없는 슬픔이 쌓여 오느니

십리라 푸른 강물은 휘돌아 가는데
밟고 간 자취는 바람이 밀어 가고
방울 소리만 아련히
끊질 듯 끊질 듯 고운 메아리

발 돋우고 눈 들어 아득한 연봉을 바라보나
이미 어진 선비의 그림자는 없어…
자주 고름에 소리 없이 맺히는 이슬 방울

이제 임이 가시고 가을이 오면
원앙침 비인 자리를 무엇으로 가리울고

꾀꼬리 노래하던 실버들가지
꺾어서 채찍 삼고 가옵신 임아

조지훈 시인의 대표적인 작품 중 하나인 〈별리〉이다. 초록 저고리와 다홍치마를 입은 채 임과 떨어져야 하는 신혼의 이별, 자주 고름에 소리 없이 맺히는 이별의 슬픔. 그러나 임은 실버들가지 꺾어 채찍 삼아 가버렸다. 저만치 기둥 뒤에서 반만 숨은 색시의 흐느낌이 들리는 듯하다. 싫지만 내색 않고 떠나야 하는 시인의 심성과 말없이 떠나보내는 신부의 애틋함이 절절하게 느껴진다. 집 앞 내성천 물줄기는 이런 안타까움을 아는지 모르는지 그저 무심히 흐르고 있다.

2

꽃 대궐 이룬 정원이 아름다운 김뢰진 가옥

기와집과 초가집이 옹기종기 모여 있는 무섬마을은 전체가 예쁜 공원과도 같다. 마을길은 산책로요, 고택들은 전시관이다. 저 멀리 낮게 드리운 구름 사이로 초록 산들이 유려한 곡선을 그린다. 눈앞 모래사장 가운데로는 내성천 맑은 물이 소리 없이 흐른다.

그 산책로를 걷다 김뢰진 가옥에 들어갔다. 길쭉한 마당에 온통 꽃 천지다. 그 꽃들이 사랑채 기와의 곡선과 맞물려 점잖으면서도 화사한 조화를 이루고 있다. 그리고 그 끝에는 초가집 안채가 멋스러운 풍경을 만들고 있다. 경상북도민속자료 제118호인 김뢰진 가옥에 들어선 첫 느낌은 이랬다.

김뢰진 가옥의 초가집 안채는 대략 1800년대 말에, 기와집 사랑채는 1930년대에 지어졌을 것으로 추측되고 있다. 한 집에 기와집 한 채와 초가집 한 채가 남매처럼 서 있는 모습이 재미있다.

2. 김뢰진 가옥 꽃 정원
3. 사랑채 마루
4. 김뢰진 가옥의 후손 김광택 옹
5. 대문 안으로 보이는 사랑채

초가집 안채는 이름도 정겨운 까치구멍 집이다. 대문에 들어서면 가운데에 봉당이 있고 좌우측에 부엌과 외양간이 있다. 그 앞으로 마루가 있고 양 옆은 방이다. 마치 요즘의 아파트처럼 건물 안에 모든 시설이 다 들어와 있다. 사방이 막힌 공간에서 불도 때고 가축도 키우려니 연기나 냄새 제거가 필수이다. 그래서 용마루 밑에 구멍을 뚫어 환기구를 설치했고, 그 구멍으로 까치가 들락거려 까치구멍 집이라고 불렀다고. 이처럼 폐쇄적인 가옥 구조는 강원 남부와 경북 북부지방에서 흔히 볼 수 있는 형태로 추위와 바람을 막기 위한 조상의 지혜가 돋보인다.

사랑채의 모습도 일반적이지는 않다. 통상 가로로 길쭉한 형태인데 반해 김뢰진 가옥의 사랑채는 세로로 길쭉한 모습이다. 집터의 모양 때문에 그렇게 지었다고. 일반적인 가옥형태에 익숙한 사람들에겐 꽤나 이색적으로 보이는 공간이다.

현재 이 집은 김광택 옹이 관리하고 있다. 중년의 부인이 꽃을 심고 가꾸며 정원

6

7

8

9

10

11

관리를 할 것이라 생각했는데 뜻밖이다. 집을 둘러보는 중간에도 할아버지는 연신 빗자루로 마당을 쓸었다. 이런 노력 덕분에 고택은 그 아름다움을 잃지 않는다. 꽃과 어우러진 고즈넉한 고택에서 시인의 애달픈 이별이야기를 듣는 것도 고택여행의 즐거움이다. 이처럼 공간이 가진 이야기는 여행자가 애써 감추고 있던 감성을 자극한다. 그곳에 앉아 마음에서 일어나는 시어를 받아 써 봐도 좋은 공간이다.

참고 _ 박종남 무섬문화촌장, 무섬마을 문화해설사

6. 사랑채 마루
7. 사랑채 옆 마당의 박덩쿨
8. 안채 고택 체험방
9. 사랑채 고택 체험방
10. 사랑채 앞의 벌통
11. 사랑채 부엌
12. 사랑채 마루에 붙어 있는 참을 인
13. 안채 마루와 부엌
14. 안채 고택 체험방

15. 초가 안채 모습
16. 안채 옆의 닭장
17. 행랑채 창문 밑의 고양이
18. 툇마루와 붉은 고추

김뢰진 가옥 여행수첩

주소 : 경상북도 영주시 문수면 수도리 무섬마을
전화 : 054-634-0040

김뢰진 가옥은 안채와 사랑채에 각각 2개씩 방이 마련돼 있다. 안채는 4인실이며 숙박비는 5만원이다. 사랑채는 5인실이며 숙박비는 7만원이다. 사전에 반드시 전화로 예약을 해야 이용할 수 있으며, 겨울에는 장작불을 때 난방을 한다. 식사 제공은 없으며, 취사는 개별적으로 문의를 해야 한다.

찾아가는 길

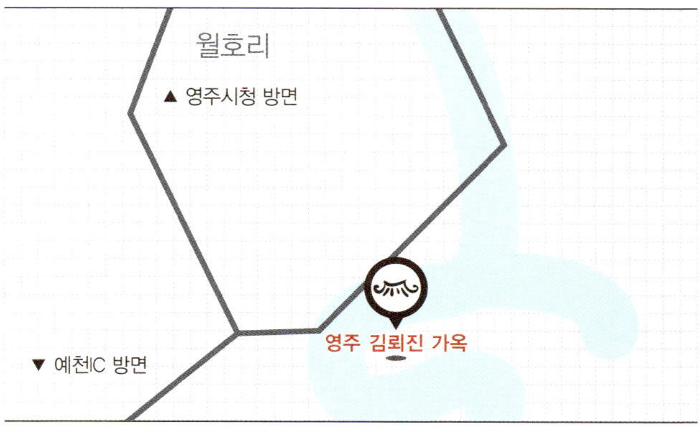

중앙고속도로 영주IC에서 나온 뒤 약600m 뒤에 우회전한 뒤 권선로를 따라 2.2㎞를 이동한다. 갈림길에서 우회전 약 430m를 이동, 좌회전 후 1.9㎞ 이동, 다시 좌회전 후 약 1㎞ 이동, 우회전 후 1.5㎞ 이동, 좌회전 후 2.3㎞ 이동, 다시 우회전 후 90m 가량을 진행하면 무섬마을에 도착한다.

영주 괴헌고택

한양 가던 그 길에서 마주친 정겨운 인연

사람들은 저마다 많은 사연을 담고 괴헌고택 앞을 스쳐 지나갔다. 과거를 보러 한양으로 가는 사람, 낙향하는 사람, 물건을 팔러 가는 사람, 누군가를 만나러 가는 사람. 그러다 이 집에 들러 잠시 노곤한 몸을 쉬며 사랑방에 둘러 앉아 두런두런 이야기를 나누고 인연을 만들었다. 한양 길 바로 앞에 자리 잡은 괴헌고택은 그렇게 사람과 사람을 이어주는 다리가 되었다.

글과 사진 _ 윤규식

1

소쿠리 모양의 터에 자리잡은 괴헌고택

연안 김씨의 한 종가이자 괴헌가의 7대 손으로 고택의 명맥을 잇고 있는 김종국 선생은 이 집터가 소쿠리를 닮은 지형이라고 소개한다. 앞에는 내성천이 흐르고 그 앞으로 8개의 봉우리가 둘러쳐져 있다. 집 뒤에도 나지막한 동산이 에둘러 있다. 그 가운데에 괴헌고택이 200년 넘게 자리를 틀고 있는 것이다. 풍수가들은 이런 집은 끼니를 굶지 않고, 부자가 되는 터라고 한다. 이런 까닭에 많은 세월이 흐르는 동안 숱한 격랑의 시기가 지나갔지만, 괴헌가의 자손들은 무탈하게 대를 이어 지금에 이르고 있다.

중요민속문화재 제262호로 지정된 영주 괴헌고택은 조선시대 문신이었던 괴헌

1. 별채에서 내려다본 안채
2. 괴헌고택 종부 신은주 여사
3. 안개 낀 괴헌고택
4. '개문만복래' 라고 쓰인 중문

김영 선생이 정조 3년(1779년) 아버지 덕산공에게 살림집으로 물려받았다.

솟을대문으로 들어서니 사랑채 앞의 파란 잔디가 인상적이다. 중후한 멋이 느껴지는 사랑채는 괴헌고택에서도 가장 전형적인 한옥의 형태를 보여주는 곳이다. 사랑채는 1904년 중수되어 지금에 이르고 있다. 중문을 넘으면 안채가 나오는데 'ㅁ'자형 마당 가운데에 작은 정원이 만들어져 있고, 그 앞의 대청마루를 중심으로 왼쪽에 안방과 부엌, 오른쪽에 방이 있다.

괴헌고택은 비밀 다락방으로 유명하다. 밖에서는 전혀 입구를 알 수 없어 전란시에는 피란처로 사용됐던 것으로 전해진다. 그러나 이 다락방의 가치가 더욱 돋보이는 대목은 이곳이 단순한 피란처가 아니라, 괴헌고택에 대대로 전해지던 수많은 유물의 보관처였다는 사실이다. 괴헌가의 후손들은 일제강점기와 한국전쟁 등 민족의 큰 격변기를 거치는 동안 1만여 점이 넘는 유물을 이곳 다락방에 보관해 원형을 지켜낼 수 있었다.
김종국 선생은 이 유물들을 몇 해 전 영주시 소수박물관에 무상으로 기증해 여러 사람들과 그 가치를 함께 나누고 있다.

5

소통의 상징 괴헌고택

괴헌고택 대문 바로 앞에는 왕복 2차선의 도로가 지난다. 그런데 이 길이 조선시대에는 한양으로 가는 중요 길목이었다. 지금으로 따지면 경부나 중앙고속도로쯤 되는 길이다. 안동, 봉화 등 영남의 많은 선비들이 과거시험을 보기 위해 한양으로 가려면 반드시 이 길을 거쳐야 했다. 이 길을 지나 조령을 넘어 충청도로 접어들었던 것이다. 이런 이유로 괴헌고택의 사랑방에는 언제나 사람들로 넘쳐났다. 지나던 과객들은 이곳에 잠시 머물며 집주인과 이런저런 이야기를 나눴고, 해를 거듭할수록 친분이 두터워지는 사람들이 늘었다. 결국 서로에 대한 믿음은 깊은 친분으로 이어졌고, 자연스럽게 혼사로 연결됐다. 이렇게 해서 괴헌가의 연안 김씨는 진성 이씨, 의성 김씨, 안동 권씨 등 영남지방의 많은 명문가와 인연을 맺게 되었다. 벼슬보다 학문 자체에 매진했던 괴헌가 사람들은 그렇게 세상과 소통했다.

괴헌고택은 어느덧 일개 살림집을 넘어 사람들의 발길이 끊이지 않는 소통의 장이 되어 있었다.

5. 별채 전경
6. 마당의 가로등과 사랑채
7. 대청마루의 화분들
8. 솟을대문과 집앞 길
9. 대청마루의 뒤주
10. 담장 아래 꽃과 나비

11

사람 냄새 물씬 풍기는 괴헌고택

괴헌고택은 지금까지 한 번도 후손들이 집을 비우지 않았다. 200여 년을 내려오는 동안 반드시 아들과 며느리가 집을 지키고 있었던 것이다. 괴헌고택 종부 손은주 여사가 이 집의 며느리로서 자부심을 느끼는 것도 이 점 때문이다.

그런데 예전에는 서울 가는 길목이었기에 사람들이 많았다면, 요즘에는 고즈넉한 고택에서 하룻밤을 보내기 위해 찾는 손님들이 많다. 예나 지금이나 사람들이 자주 들락거리기는 마찬가지인 셈이다. 이런 탓인지 괴헌고택은 밤에도 문을 걸어 잠그지 않는다. 중문 한가운데에는 '개문만복래(開門萬福來)'라고 쓰여 있다. 문을 열어 놓으면 만복이 들어온다는 뜻일 게다. 바꿔 생각하니 이 열린 문으로 들어가는 사람이 곧 복이라는 말이다. 그렇다면 이 집에 찾아온 내가 곧 복이 아닌가? 다섯 한자 속에 괴헌고택의 오랜 전통, 그리고 사람과 소통에 대한 혜안이 녹아있었다.

괴헌고택 종부에게 들은 한 가지 에피소드가 이 집안 소통의 내력을 잘 설명

12

14

13

15

11. 안채 뒷뜰
12. 대청마루 벽
13. 선반위의 세간들
14. 사랑채 고택 체험방
15. 사랑채 툇마루

한다. 어느 겨울날 서울에서 여러 형제가 부모님을 모시고 내려왔는데 갑자기 눈이 내려 길이 막혔다. 밥때가 지나도록 방법을 찾지 못하자 보다 못한 손 여사가 직접 밥을 지어 대접했다. 그후 서울에서 박스 두 개가 배달됐다. 열어보니 그 안에는 고등어가 가득 들어있었다. 그날의 손님이 고마움의 뜻으로 고등어 50손을 보낸 것이다. 뜻밖의 선물에 손 여사는 어쩔 줄 몰랐고, 부랴부랴 떡과 감주를 만들어 답례했다.

괴헌고택에 배어 있는 양반가의 품격은 한 두 말로 형언하기 힘들다. 그 중 가장 돋보이는 것은 단연 사람 사이의 정이다. 괴헌고택에서는 사람냄새 물씬 풍기는 따뜻한 정을 체험할 수 있었다.

참고 _ 〈천리의 거울을 닦은 괴헌가 사람들〉(2007, 소수박물관), 괴헌고택 김종국 선생, 손은주 여사

괴헌고택 여행수첩

주소 : 경상북도 영주시 이산면 두월리 877
전화 : 054-637-1755

괴헌고택에서는 안채, 사랑채, 별채 등에 손님들을 위한 방을 마련해 놓고 있다. 총 7개의 방이 준비돼 있으며, 기본 숙박비는 6만원이다. 4인 가족이 넉넉하게 이용할 수 있는 별채는 10만원이다. 단체인 경우 사전 협의 후 안채 등 일부 또는 집 전체를 사용 할 수도 있다. 식사는 제공되지 않으며 취사도구를 준비했을 경우 마당에서 취사가 가능하다.
신은주 여사는 특별히 별채에서 하룻밤을 권한다. 집 뒤편 작은 언덕 위에 고즈넉하게 서 있는 별채는 좋은 기운이 넘치는 명당이기 때문이다. 홈페이지는 별도로 운영하지 않으며, 예약은 전화로만 받는다.

찾아가는 길

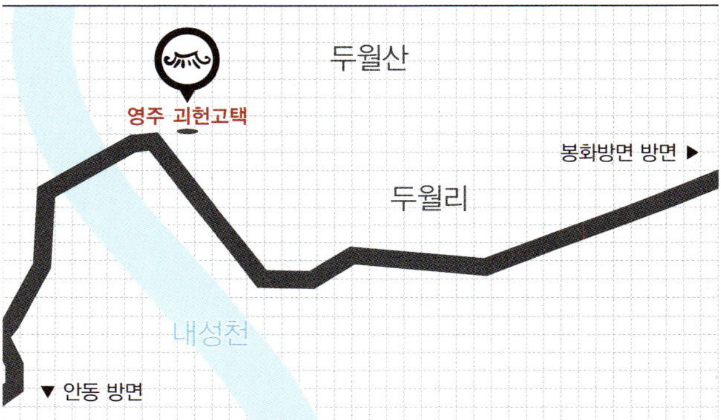

중앙고속도로 풍기IC로 나와 봉현교차로에서 영주방면으로 좌회전. 약 11km 진행해 구성로 사거리에서 우회전할 것. 이곳에서 1.1km 진행한 후 영남방송 방면으로 좌회전해 7.5km정도 진행하면 삼거리가 나오고 그곳에서 봉화방면으로 좌회전해 2.1km 직진하면 괴헌고택에 도착한다.

다른 잠자리

영주시 관내에 있는 고택을 한 자리에서 만날 수 있는 선비촌(054-638-6444)
저렴하고 깔끔한 풍기인삼관광호텔(054-637-8800)
숲속 맑은 공기를 누릴 수 있는 옥녀봉자연휴양림(054-636-5928)
가족이 함께 머물기 좋은 휴양리조트 판타시온 호텔리조트(054-630-5500)

맛있는 집

풍기역 인근의 서부냉면(054-636-2457)은 40여 년을 이어온 평양식 냉면집으로 국내산 메밀을 사용해 특유의 담백함과 쫄깃함을 즐길 수 있다. 냉면 이외에도 영주 한우 불고기도 주요 메뉴이다. 서부불고기냉면(054-636-2649)에서도 냉면과 불고기를 맛볼 수 있다. 이 밖에 풍기 인삼갈비(054-635-2382)에서 한우갈비, 순흥전통묵집(054-634-4614)에서 묵밥, 자연묵집(054-637-2970)에서 태평초를 맛볼 수 있다.

여행코스

1 무섬마을　2 소수서원　3 선비촌　4 부석사　5 풍기인삼시장　6 희방사

1 무섬마을

물 위에 뜬 섬을 뜻하는 수도리(水島里)의 우리말 이름으로 낙동강 지류인 내성천이 휘돌아 치는 마을이다. 내성천 안쪽으로 넓게 퍼진 모래톱 위로 마을이 펼쳐져 있다.

2 소수서원

조선시대 최초의 서원으로 1543년 풍기군수 주세붕에 의해 세워졌다. 대원군의 서원철폐 때도 이를 피할 정도로 유서 깊은 곳이며, 지금도 옛 모습을 그대로 간직하고 있다.

3 선비촌

조선시대 양반과 상민의 생활상을 두루 체험할 수 있는 전통체험마을이다. 영주와 풍기지방의 전통가옥들을 재현해 놓고 있으며, 다양한 민속체험도 가능하다.

4 부석사

신라 문무왕 16년 의상대사가 왕명을 받들어 창건한 사찰이다. 국보 제18호인 무량수전은 우리나라에 남아 있는 목조 건물 중 가장 오래된 건물로서 고대 사찰건축 연구에 중요한 가치를 지니고 있다.

5 풍기인삼시장

어느 지방보다 향이 강하고 유효 사포린 함량이 높은 것으로 알려진 풍기인삼. 풍기역 앞에 위치한 풍기인삼시장을 중심으로 주변에 풍기인삼 상가들이 다수 밀집되어 있다.

6 희방사

호랑이가 은혜를 갚은 절이라 기쁘다는 의미에서 '기쁠 희(喜)'자와 두운조사의 참선방이라는 것을 상징하는 '방(方)' 자를 써 희방사라 명명됐다. 신라 선덕여왕 12년에 두운도사가 창건한 것으로 전해진다.

이야기가 있는

경북 한옥 예향

문경聞慶

문경 지취헌고택

청아한 피리 소리 울려 퍼지던 고택

'기쁜 소식을 가장 먼저 듣는 곳'이라는 뜻의 문경(聞慶)은 언제가도 즐겁다. 나는 새도 넘기 힘들다는 문경새재의 중후한 모습과 경북팔경 중 제1경이라는 진남교반이 두 눈을 호강하게 하며 도(道)를 존중하며 사는 존도리 마을 또한 그러하다. 그곳 존도리에 서애 류성룡의 후손이 지키는 정감 있는 고택이 있다. 피리 소리 흐르는 듯한 지취헌을 찾아본다.

글과 사진 _ 이동미

석문구곡에 반해버리는 존도리 마을

경북 문경하면 떠오르는 것이 '문경새재'다. 하지만 문경에는 숨겨진 아름다움이 하나 더 있으니 바로 '문경구곡'이다. 중국 주자의 무이구곡(武夷九曲)을 본받아 경치 좋은 계곡을 구곡으로 삼고, 구곡시(九曲詩)를 남기며 산수경치를 즐긴 데서 유래하는데 문경구곡은 가은읍의 선유구곡, 산북면과 산양면 일대의 석문구곡과 청대구곡, 농암면의 쌍룡구곡 등이다. 청빈한 선비들이 모여 시를 짓고 풍류를 즐기며 시간을 보냈는데 조선 정조 때의 문신이자 학자인 근품재(近品齋) 채헌(蔡瀗, 1715~1795)은 석문구곡에 반해 석문정(石門亭)을 짓고 여생을 보내며 〈석문정가 石門亭歌〉, 〈석문정구곡도가 石門亭九曲櫂歌〉 등의 작품을 남겼다.

1. 사랑채를 지나 안채로 가는 길
2. 사랑채의 측면 모습
3. 안채의 모습
4. 류은하 선생이 이름지은 농학당

300여 년 전 류후기(柳後起, 1675 ~ 1726) 선생 또한 존도리 석문구곡에 정착해 자연과 벗하며 여생을 보냈다. 그의 증손이자 서애 류성용 선생의 7대손인 류혜춘(柳惠春, 1769~1849)은 분가하면서 새로이 집을 지었으니 그것이 지취헌(篪吹軒)으로 당호는 류혜춘 선생의 호다.

형이 지은 집 훈취헌, 동생이 지은 집 지취헌

지취헌이 자리한 존도리(尊道里)는 풍산 류씨들이 대부분 거주하는 동성집성촌으로 마을의 이름은 '도를 존중하며 산다'는 뜻이다. 지취헌을 지을 때 류혜춘 선생의 형 또한 존도리에 집을 지었으며 이름을 훈취헌(塤吹軒)이라 했다. 동생은 대나무로 만든 피리를 뜻하는 '篪(지)'자를, 형은 질그릇으로 만든 피리를 뜻하는 '塤(훈)'을 써 호를 짓고 또 그 이름으로 집을 지었으니 두 형제의 우애가 상당했음을 알 수 있다. 지취헌은 보존상태가 좋아 경북 문화재 자료 575호로 보존되고 있지만 훈취헌은 관리되지 않아 안타깝기만 하다.

지취헌에 발을 들이면 넓은 잔디밭과 깔끔히 정돈된 세간이 눈에 들어와 정갈하다는 느낌이 든다. 현재 서애 류성룡의 14대손인 류은하 선생과 그의 부인이 살고 있다. 입구에서 보이는 것은 사랑채로 팔작지붕에 정면 4칸, 측면 1칸 반의 홑처마 방형기둥이다. 그 뒤쪽으로 안채가 자리한다. 안채 역시 팔작지붕에 홑처마 방형기둥이다. 정면 5칸, 측면 2칸의 안채는 자연석을 사용해 평평하지 않은 덤벙 주초에 민도리 양식을 하고 있다. 당시에는 안채만 건립되었고 사랑채는 이보다 70~80여 년 늦게 건축된 것으로 전문가들은 보고 있다. 경북 북부지역의 18세기 후기 농촌 반가(班家)의 모습이며 현 거주자에 이르기까지 주생활 변천과정을 엿볼 수 있는 소중한 문화유산이기도 하다.

9

10

14

11

12

13

5. 연못이 있던 자리는 미나리밭이 되었다.
6. '이'자형 배치를 보여주는 지취헌
7. 류은하 선생이 가꾸는 화분과 분재
8. 지취헌 마당의 감나무
9. 지취헌 고택의 모습
10. 정갈히 가꾸어진 뒤뜰의 텃밭
11. 류성룡의 14대손 류은하가 살고 있는 지취헌 문패
12. 지취헌 현판
13. 류은하 선생이 일일이 쌓은 흙담
14. 텃밭으로 가는 길

15

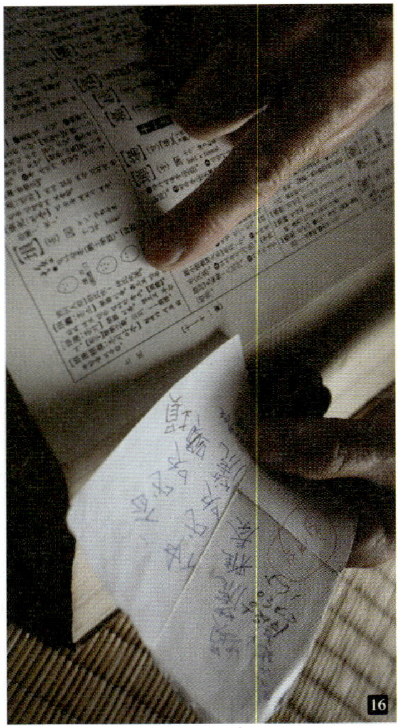

16

학과 희롱하며 여생을 보내는 류은하 선생

류은하 선생은 서애 류성룡의 학문과 덕행을 추모하고 후학을 양성하던 병산서원의 후신인 풍산 중고등학교에 근무했다. 이곳 종택을 오가며 생활하던 류은하 선생은 당시 조부, 증조부까지 함께 살던 때를 이따금씩 회상해 본다고 한다. 당시 안채기와는 참으로 멋졌다고 한다. 수작업으로 하나하나 구운 골기와로 무게와 모양이 모두 달랐다. 지금은 안채와 사랑채가 모두 기와를 얹었지만 원래 사랑채는 안채와 달리 초가지붕이었다. 이를 기와로 바꿨기에 사랑채의 기둥이 버거워보인다. 전해오던 책과 현판 등 450여 점의 집안 유물은 안동의 국학진흥원에 기탁했다. 그만큼 관리 유지가 힘들기 때문인데 기탁했으니 언제라도 가서 볼 수 있고 가져올 수 있다 한다.

지취헌은 안채와 사랑채가 앞뒤로 나란한 '二'자형(二字型) 배치인데 당시에는 사랑채 우측으로 말과 소를 키우는 마구채가 있었고 왼쪽으로는 모방채가 있었다. 또한 마당 입구자리에는 행랑채가 자리했고 그 바깥쪽으로 연못이 있었다. 현재 행랑채는 없어졌고 그 자리에 류은하 선생이 손수 쌓은 흙돌담이 자리하

15. 류은하 선생 16. 지취헌의 유래 찾기 17. 사랑채의 마루 18. 사랑채의 서재에서 보이는 마당

며 모방채와 사랑채 방은 고택스테이에 사용된다.

지취헌 현판은 사랑채 방 입구에 붙어 있다. 마루 쪽에 또 하나의 현판이 있으니 농학당(弄鶴堂)이라 쓰여 있다. 류은하 선생이 붙인 이름으로 희롱할 농(弄)에 두루미 학(鶴)자를 쓰니 '학과 더불어 즐겁게 지내는 곳'이라는 뜻이다. 그래서 인지 사랑채 마루에 앉으면 너른 잔디밭과 담장 너머로 작은 언덕에 소나무 숲이 보인다. 그 소나무 위에 학이 모여들어 류은하 선생과 오랫동안 서로 희롱하고 보듬으며 종택과 더불어 한없는 시간을 보낼 것을 기원해 본다.

참고 _ 문경신문(풀어보는 문경의 문화유산 〈105〉, 2010. 08. 16.) 매일일보([신 낙동강시대] 지류를 찾아서…⑨영강 〈하〉, 2011.09.14), 경북일보(김용사 대성암 금당, 지취헌 고택, 지방문화재 지정, 2010. 06. 28), 서애 류성룡의 14대손 류은하 선생〉

지취헌 여행수첩

주소 : 경상북도 문경시 산양면 존도리 268

전화 : 054-552-3824

지취헌에서 고택스테이를 할 수 있는 방은 두 개다. 모방채 방은 안에 욕실이 구비되어 있고 사랑채 방은 두 칸을 터서 만들었는데 마루와 함께 건물 한 채를 쓰는 것이 된다. 상황에 따라 두 개를 모두 사용하면 사랑채 마루에서 모방채로 연결이 되니 더욱 편리하게 이용할 수 있다. 가격은 각방이 7~10만 원 선. 사랑채 마루에 앉아 이집 어르신이 잘 가꾸어놓은 정원과 화분, 흙담장 너머의 소나무 언덕을 보는 맛이 기막히다. 밤이면 둥그런 보름달과 쏟아질 듯 많은 별을 감상할 수 있다. 이른 아침 마을길을 자박자박 걸으며 산책을 즐겨도 좋다.

찾아가는 길

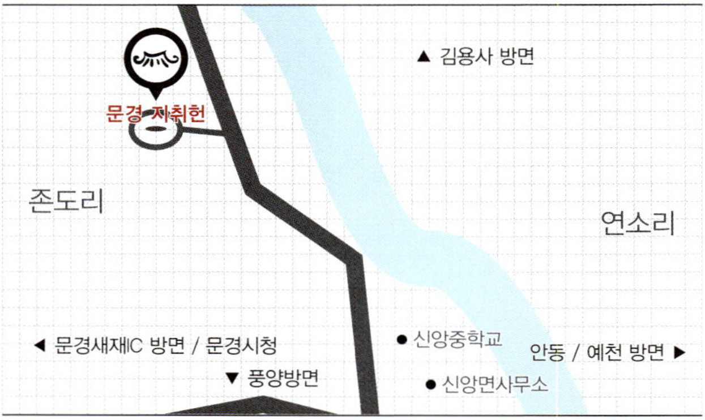

중부내륙고속도로 문경새재IC에서 문경 방면으로 우측방향. 3번 국도를 18km 달린 후 안동 · 예천 방면으로 좌회전한 후 중앙로 800m 쯤에서 안동 · 예천 방면으로 다시 좌회전해 경사로를 2.km 정도 달린다. 산양 방면으로 우측방향 800m 지점인 불암 삼거리에서 김용사 방면으로 좌회전해 금천로 1km 지점에서 좌회전하면 150m 거리에 지취헌고택이 있다.

다른 잠자리

농암면 내서리에 STX리조트(054-460-5000)가 있고 시골풍경의 한적한 숙소로는 예술가가 운영하는 예인과 샘터 펜션(054-571-1961)이 적당하다. 동화 속 마을 같은 새재스머프마을(054-572-3762)은 황토로 지어 아이들 아토피에 좋고 전자파를 차단해 준다. 조용한 분위기를 원하면 불정자연휴양림(054-552-9443)의 통나무집을 권한다.

맛있는 집

문경약돌돼지 요리집으로는 새재 도립공원 근처의 새재초곡관문경약돌돼지(054-571-2020)와 새재할매집(054-571-5600)이 유명하다. 묵조밥은 소문난 식당(054-572-2255)이 추천할만하며 산북면 대하리에 있는 거송가든(054-553-1362)은 멋진 소나무를 감상하며 송어회를 먹을 수 있는 곳이고 매운탕은 진남교반에 있는 진남매운탕(054-552-8888)이 유명하다.

여행코스

1 진남교반 2 철로 자전거 3 문경석탄 박물관 4 문경새재

1 진남교반

기암괴석과 깎아지른 듯한 층암절벽이 이어지고 강 위로 철교 · 구교 · 신교 등 3개의 교량이 나란히 놓여 있어 자연과 인공이 조화를 이루는 곳이다. 삼국시대 때 쌓은 고모산성과 왕건 · 견훤 이야기가 깃든 토끼벼리도 걸어볼 만하다.

2 철로 자전거

20여 년 전 석탄을 실어 나르던 철로가 폐선이 되자 이를 관광 자원화 시켰다. 진남교반과 영강 등이 즐거움을 준다.

3 문경석탄 박물관

1938년부터 1994년까지 석탄을 캐던 옛 대한석탄공사 은성광업소를 이용한 전문박물관이다. 연탄 모습으로 꾸민 외관이 독특하며 중앙전시실과 갱내전시실 · 야외전시장 등이 있다.

4 문경새재

명승 제32호로 지정된 문경새재는 주흘관, 조곡관, 조령관 등 세 개의 관문이 있으며 조령(鳥嶺)이라고도 한다. KBS 드라마 촬영장, 민속박물관, 유스호스텔, 사계절 썰매장 등이 있다.

이야기가 있는

경북 한옥 예향

경산慶山

경산 난포고택

자자손손 부귀영화를 누리는 명당터

난포고택(경북유형문화재 제80호)은 영천 최씨의 시조 최한의 14대손인 최철견이 경북 영천 창수(현 영천 금호)에서 지금의 자리로 이거하여 명종 원년(1546년)에 지은 집이다. 난포 최철견은 청주부사, 전라도사를 지낸 조선시대 문신으로 임진왜란이 발발하자 70세 고령의 몸으로 손자인 인수, 증손인 준립 등과 함께 의병을 일으켜 아화산성 전투에서 큰 공을 세우기도 했다.

글과 사진 _ 정철훈

1

금계포란형의 주택 명당지

경산 시내에서 청도 운문사로 이어지는 도로를 따라가다 보면 용성면 소재지인 당리를 지나 곡란리(谷蘭里)가 나온다. 난포고택(蘭圃古宅)은 난초가 골짜기를 이루는 이곳에 자리해 있다.

곡란리와 난포고택, 두 이름이 묘하게 어울린다. 사실 옛 마을은 대가를 중심으로 형성되는 경우가 흔했다. 특히 지방에서는 어느 터에 양반가가 들어서면 그 주위로 민가들이 하나둘 모여들어 금세 마을 하나가 생겨나곤 했는데, 곡란리도 그리 생겨난 마을 중 하나다. 양반가를 중심으로 마을이 형성되는 데에는 여러 가지 이유가 있겠지만 그중 풍수의 영향도 빼놓을 수 없다. 양반가는 터와 향은

1. 세월의 흔적이 느껴지는 기와
2. 난포고택 사랑채 대청
3. 군불로 난방을 하는 온돌방
4. 난포고택 안채의 산실

물론 대문 하나를 내는 데도 풍수를 엄격히 따지기 때문에 양반가가 자리한 지역이 곧 명당이라는 인식이 사람들을 끌어 모으게 되는 것이다.

난포고택은 주택지로서는 전국에서 손에 꼽히는 명당이다. 1929년 조선총독부의 의뢰로 조선의 명당을 조사했던 무라야마 지준은 조선의 명당 주택지 36곳 중 하나로 난포고택을 지목했으며, 자신의 저서 '조선의 풍수'에 "경상북도 경산군 용성면 곡란동 최한구(최철견의 13대손)의 주택지는 그 지형이 부용화 같아 거주지로서 가장 좋다"고 적었다. 이후 난포고택은 풍수가들 사이에서 필수 답사지 중 한 곳이 되었다.

난포고택의 지세는 천계가 알을 품고 있는 '금계포란형(金鷄抱卵形)', 혹은 연꽃이 물 위에 떠있는 '연화부수형(蓮華浮水形)'으로 풀이된다. 금계포란형은 위대한 호걸이 나는 곳으로 자손이 대대로 번성하는 길지이고, 연화부수형 역시 자손이 화려한 생활을 할 수 있는 명당이다. 또한 난포고택이 안산으로 삼고 있는 용산은 전형적인 문필봉이다. 문필봉이란 풍수학에서 붓의 모양을 닮은 봉우리를 가리키는 말로 문필봉을 마주하고 있는 집이나 마을에서는 훌륭한 학자가 태어난다고 알려져 있다. 용산의 문필봉은 그 봉긋한 생김새가 뭉뚝하지도, 뾰족하지도 않으며, 앞으로 물길까지 끼고 있어 최고의 지형으로 꼽힌다. 멋진 붓과 벼루에 댈 물이 함께하는 형국이니 더 말할 필요가 없다는 것이다.

5

8

6

7

9

복합형식의 주택 구조

난포고택은 조선시대 전형적인 상류주택의 모습을 하고 있다. 솟을대문을 지나면 사랑채가 있고 중문 너머에 안채와 행랑채 그리고 사당이 자리해 있다. 누마루가 멋스러운 사랑채는 지난 2002년 주춧돌만 남아있던 것을 복원한 것으로 예스러움은 덜 하지만 그 모양과 형식은 옛 모습 그대로다. 사랑채 우측의 중문을 지나면 안채가 있는 후원이다.

1809년과 1816년 두 번에 걸쳐 중수가 이뤄진 안채는 여느 종가의 안채와는 조금 다른 모습을 하고 있다. 우선 지붕. 이곳 안채의 지붕은 맞배지붕과 팔작지붕이 혼용된 형태다. 중앙 5칸까지는 맞배지붕으로, 그리고 양쪽 끝 칸 측면에는

5. 눈썹지붕을 덧댄 모습
6. 사랑채 대청의 모습
7. 난포고택의 안채
8. 난포고택 안채 대청
9. 난포고택 안채 툇마루
10. 난포고택 안채 앞에 있는 조각
11. 난방용 땔감
12. 사랑채 대청의 모습

눈썹모양의 지붕을 덧대 팔작지붕의 모양이 되도록 했다. 때문에 간결하면서도 우아한 멋이 동시에 느껴진다. 판장문을 달아놓은 대청도 특이하다. 대청은 대부분 전면을 개방시켜놓은 형태를 하고 있는데, 이곳은 판장문에 의해 대청의 모습이 외부에서 보이지 않는다. 일반 주택에 사용하지 않는 원주기둥을 사용한 것도 눈여겨볼 만하다. 원주기둥은 궁궐이나 사찰에서만 사용하던 것으로 주택의 경우에는 사각형의 방주기둥을 사용하는 게 일반적인데, 난포고택 안채에는 중앙을 받치는 세 개의 기둥이 원주기둥으로 되어있다. 아무리 사대부 집안이라 하더라도 조선 중기에 지어진 주택에 이처럼 원주기둥을 사용한 예는 그리 흔치 않다.

13

14

15

열린 공간으로서의 종가

난포고택의 종손인 최원규 씨는 난포 최철견의 16대손이다. 현재 그는 직장과 종택을 오가며 집안일을 돌보고 있다. 종손이 집을 비울 때면 종손의 숙부 등 일가친지들이 고택의 관리를 돕는다.

종손의 아버지는 사업을 했으나 아버지는 1984년, 어머니는 2001년에 각각 작고했다. 그래서 종손은 어린 시절을 대구·부산에서 성장했고 서울에서 학창시절을 보내며 비교적 자유로운 삶을 살았다. 그런 그이기에 고택에 대한 생각도 여느 종가의 종손과는 조금 다르다. 최원규 씨는 종가가 박물관에 전시되어 있는 유물처럼 박제된 공간이 되어서는 안 된다고 생각한다. 500여 년을 이어온

13. 난포고택 사랑채 툇마루
14. 난포고택의 장독대
15. 난포고택의 문
16. 난포고택의 처마

종가의 문턱을 낮춰 고택체험 공간으로 일반에 집을 공개한 것도 같은 이유에서다. 전통이 살아있는, 하지만 현대가 자연스레 스밀 수 있는 공간이 되기를 바라는 것이다.

언젠가 기회가 되면 이곳 난포고택을 갤러리로 만들어 보고 싶다는 생각도 가지고 있다. 그는 이곳 난포고택이 다가서기 어려운 종가가 아니라, 누구나 쉽게 찾아와 커피 한 잔 마시며 문화를 공유하는 편안한 공간으로 다시 태어날 수 있기를 꿈꾼다.

참고 _ 〈조선의 풍수〉(1990, 무라야마 지준, 민음사)

난포고택 여행수첩

주소 : 경상북도 경산시 용성면 곡란리 526-6
전화 : 053-856-1382, 010-4378-1230　　　홈페이지 : www.nanpohouse.com

난포고택에서 숙박이 가능한 공간은 사랑채 큰방, 안채 작은방, 행랑채, 대문채 등이다. 대부분 2~3인이 사용하기에 적당한 1칸 규모지만 사랑채 큰방은 2칸으로 이뤄져 4인 가족이 사용하기에도 넉넉하다. 최근에 복원한 사랑채를 제외한 모든 방은 군불을 때는 재래식 온돌방이며, 고택체험 비용은 6만원에서 11만원이다. 난포고택에서는 식사를 제공하지 않는다. 대신 별도의 주방이 마련돼 있어 개별 취사는 가능하다. 고택체험이 가능한 공간 중 안채 작은방은 난포고택의 산실로 이용되던 곳. 기가 좋은 곳이니만큼 신혼부부에게는 더없이 좋은 공간이다.

찾아가는 길

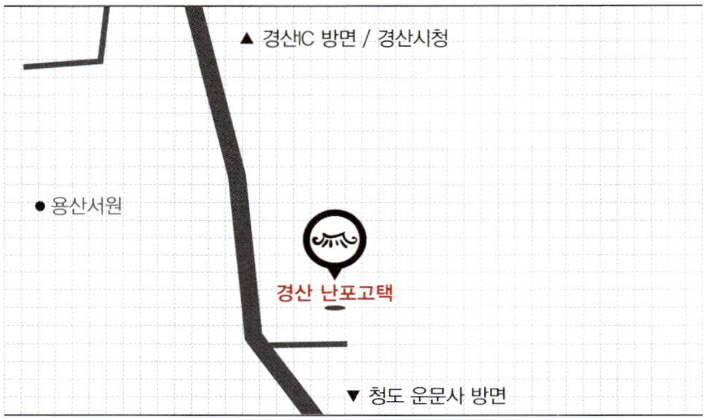

경부고속도로 경산IC에서 경산 시내를 관통해 용성 자인 방면 919번 지방도로 간다. 용성면에서 용산 산성 방향, 또는 청도 운문 가는 방향으로 간다. 산성으로 가는 표지판이 있는 곡신리를 지나 조금만 가면 용산리 표지석 맞은편 도로가에 난포고택이 자리하고 있다.

다른 잠자리

경산시의 모텔들은 대부분 옥산동에 집중돼 있다. 발리파크(053-814-6556), 리베라(053-816-8100), 메리어트모텔(053-812-7740) 등이 깨끗한 편이며, 남산면 상대리의 상대온천관광호텔(053-851-6645)과 압량면 금구리의 경산용암웰빙스파(053-817-5500)는 온천과 숙박을 동시에 해결할 수 있는 곳이다.

맛있는 집

경산시는 흑염소고기 요리로 유명하다. 특히 대파로 시원하게 국물을 낸 흑염소탕이 일품인데, 자인면 일대에는 원조회나무흑염소 식당(053-813-2010)을 비롯해 부흥흑염소(053-857-2013), 남광흑염소(053-854-9010), 세미흑염소(053-857-3755) 등에서 흑염소고기 요리를 즐길 수 있다. 갓바위가 있는 와촌면 부근의 제2솔매기(053-852-9344), 숲속(053-852-9588) 등은 촌두부가 유명한 집들이다.

여행코스

1 갓바위　2 불굴사　3 경산시립박물관　4 경산 임당동과 조영동 고분군(사적 제516호)

1 갓바위

팔공산 갓바위의 정확한 명칭은 경산 팔공산 관봉 석조여래좌상(보물 제431호)이다. 석조여래좌상의 머리 위에 갓을 닮은 돌이 올려져 있어 갓바위라 부른다. 정성을 다해 기도하면 한 가지 소원은 반드시 들어주는 불상으로 유명하다.

2 불굴사

신라 신문왕 10년(690)에 건립된 불굴사에는 불굴사 3층석탑(보물 제429호)과 부처님의 진신사리를 모신 적멸보궁 그리고 불굴사 석조입불상(경상북도 문화재자료 제401호)을 모신 약사보전 등이 있으며 김유신 장군과 원효대사가 수도했다는 천연석굴 법당인 홍주암이 있다.

3 경산시립박물관

경산 지역의 역사와 문화를 한눈에 살필 수 있는 박물관으로, 경산의 자연환경과 민간신앙 및 근대 경산의 모습을 전시한 제1전시실과 조선시대와 통일신라를 아우르는 제2전시실 그리고 고대국가였던 압독국과 선사시대 유물이 전시된 제3전시실로 꾸며져 있다.

4 경산 임당동과 조영동 고분군(사적 제516호)

경산 임당동과 조영동 고분군에는 4~6세기 것으로 추정되는 고분 30여 기가 세 개의 군락을 이루며 모여 있다. 각각의 고분은 지름이 7~30m이며, 고분군 옆에는 7호분 발굴 모습을 재현해놓은 전시관도 마련돼 있다. 초기 철기시대부터 삼국시대에 걸친 대규모 무덤들과 마을터 방어시설인 환호 등이 복합적으로 이루어진 경산지역의 대표적인 유적이다.

이야기가 있는

경북 한옥 예향

군위軍威

군위 상매댁(남천고택)

행주형(行舟形) 지세에 돛을 달다

상매댁(경상북도 문화재 자료 제357호)은 조선 현종 2년(1839)에 홍우태가 살림집으로 지은 집이다. 홍우태는 부림 홍씨의 시조 홍란의 19대손. 홍우태는 집을 지으면서 자손의 번창을 위해 뒤뜰에 두 그루의 잣나무를 심고 사랑채에 쌍백당이라 쓴 현판을 달았다. 상매댁은 당시 의흥현에서 최고 가옥으로 전하며 '남천고택'이라고도 불렸다.

글과 사진 _ 정철훈

행주형 지형 그 중앙에 자리한 상매댁

상매댁이 자리한 대율리는 대야(大夜)라 불리던 곳이다. 한낮에도 볕이 잘 들지 않는 심심산골이라는 의미를 담고 있다. 한밤이라는 마을이름도 여기에서 나왔다. 한밤마을이 대율(大栗)이라 불리기 시작한 건 일제강점기 때 등기부를 만들면서부터라고 한다.

팔공산 기슭에 기대어 있는 대율리는 이처럼 산세가 험한 곳이다. 볕이 잘 들지 않다보니 마을 돌담의 한 면은 늘 푸른 이끼로 가득하다. 집들도 팔공산이 버티고 선 남쪽을 버리고 북쪽을 향해 앉았다. 남천고택 역시 볕 좋은 남쪽을 버리고 북쪽을 향해 집터를 잡았다.

1. 남천고택
2. 남천고택 안채
3. 뒷마당 오두막

상매댁은 부림 홍씨가 집성촌을 이루고 있는 부계면 대율리의 정중앙에 자리해 있다. 이곳은 남쪽의 팔공산을 포함한 네 개 봉우리가 마을을 감싸고 있어 '네봉지'라고 불리는 자리다. 상매댁 안채 대청에서는 이들 네 개 봉우리가 모두 바라다 보인다.

상매댁이 마을 정중앙에 자리한 이유는 비단 9대에 걸쳐 5000석 살림을 살았던 가세에 의한 것만은 아닌 듯싶다. 상매댁이 있는 대율리는 그 지형이 풍수적으로 행주형(行舟形)에 속한다. 지형이 항해하는 배의 모습을 하고 있기 때문이다.

팔공산에서 흘러내린 남천이 두 길로 마을을 에둘러 흐르다 마을 입구에서 다시 합류하는 형세이고 보니 위에서 보면 영락없이 망망대해에 떠있는 배의 모습이다. 풍수에서 행주형 지형은 길지임에 틀림없지만 여기에는 키, 돛대, 닻 등을 구비해야 한다는 조건이 따른다. 다시 말해, 마을에 키나 돛대 그리고 닻의 역할을 할 수 있는 것이 한 가지는 있어야 한다는 것이다. 마을 입구에 있는 솟대와 돌탑들도 이런 부족함을 채우기 위해 세워놓은 것들이다. 하지만 배에서 가장 중요한 것은 역시 돛을 달 수 있는 돛대. 우리네 전통 배에서 돛대는 대부분 배의 가운데 위치한다는 점을 생각하면 남천고택이 마을 정중앙에 위치한 이유를 어렵지 않게 이해할 수 있다.

4. 남천고택 안채 대청
5. 남천고택 안채
6. 남천고택 안채 대청
7. 남천고택 문간채
8. 남천고택

실용성을 강조한 주택구조

상매댁은 대율리에 남아있는 20여 채의 고택 중 그 규모가 가장 크다. 하지만 광복 이후 중문과 곳간채 등이 헐리면서 지금처럼 앞이 트인 'ㄷ'자형이 되었다. 현재 상매댁에는 사당과 쌍백당인 사랑채 그리고 안채, 문간채만이 남아 있다.

상매댁의 안채는 무척이나 실용적인 구조로 이뤄져있다. 우선 대청 위로 안방과 건넛방을 잇는 다락이 있다. 제사음식 등을 보관하던 곳이다 보니 전면과 후면으로 작은 창을 내 환기가 잘 되도록 한 것이 특징이다. 덕분에 여름에는 더없이 좋은 피서지로 사용되던 곳이다. 우측 부엌과 맞닿아 있는 작은 다락도 인상적이다. 1칸 규모의 작은 다락이지만 요즘의 베란다처럼 난간을 설치해 놓았으며, 사람의 키 높이에 맞춰 물건을 올리고 내리기도 수월한 구조로 되어 있다. 이처럼 상매댁의 설계는 철저하리만큼 실용성을 강조하고 있다. 요즘으로 치며 수납 공간과 이동 동선을 최우선으로 고려한 기능성 주택이라 할 만하다.

안채가 실용성을 강조한 공간이라면 사랑채는 전형적인 상류주택의 멋을 간직하고 있는 곳이다. 대청과 방이 나란히 위치한 정면 3칸의 '一'자형 사랑채는 안채 앞 좌측으로 조금 비껴선 위치에 자리해 있다.

9. 남천고택 사랑채
10. 남천고택 문간채 내부
11. 연못
12. 남천고택 사랑채 대청
13. 호랑이가 앉았다는 곳

호랑이가 내려와 놀다 간 곳

안채 뒤에는 제법 넓은 뒷마당이 마련돼 있다. 뒷마당 우측에 사당이 위치하고, 그 옆으로 늠름한 모습의 잣나무 두 그루가 서 있다. 지난 태풍에 가지 몇 개가 부러지긴 했어도 그 자태는 여전히 당당하다. 쌍백당이라 불리는 상매댁과 역사를 같이하는 그 잣나무다.

새파란 잔디가 깔린 뒷마당에는 최근 지은 원두막도 두 개가 마련돼 있다. 고택 체험을 위해 찾는 사람을 위한 공간이다. 한데 돌담과 화단 사이에 놓여있는 큼직한 돌덩어리 하나가 유독 눈길을 끈다. 의자처럼 윗면이 평평한 것도 그렇고 주변의 돌들보다 이끼가 짙게 낀 것도 예사롭지 않다. 이곳은 오래전 팔공산에

12

13

서 내려온 호랑이가 앉았던 자리로, 상매댁에서는 대대로 정화수를 떠놓고 기도하는 신성한 장소로 대접받는 곳이다. 새마을 운동 당시, 마을길을 넓히기 위해 집집마다 돌담을 뒤로 물릴 때도 이곳만은 그대로 남겨 두었다고 한다.

상매댁을 지키고 있는 홍석규 씨는 부림 홍씨 29대손이다. 6남매 중 막내인 홍석규 씨는 15년 전부터 노모를 모시며 이곳 상매댁을 지켰다. 서울의 직장도 출퇴근이 가능한 대구로 옮겼다. 어머니가 돌아가신 뒤에는 집안 관리에 더욱 정성을 들였는데, 일반에 집을 공개해 고택체험공간으로 활용한 것도, 분기별로 작은 음악회를 개최하는 것도 모두 홍씨의 이런 노력의 결과다.

현재 홍석규 씨는 한밤마을운영위원회 부위원장을 맡아 상매댁 뿐 아니라 부림 홍씨의 1000년 역사를 간직한 한밤마을의 아름다움을 알리기 위해 누구보다 열심히 노력하고 있다.

참고 _ 〈돌담과 함께한 부림의 터, 한밤마을〉 (군위군 부계면 대율리 한밤마을 민속지)

상매댁 여행수첩

주소 : 경상북도 군위군 부계면 대율리 768

전화 : 054-382-2748, 010-9358-2748 홈페이지 : cafe.daum.net/ncgotack

상매댁에서 숙박이 가능한 곳은 사랑채 큰방, 안채 건넛방, 대문간채 등 3곳이다. 모두 장작을 때야 하는 온돌로 숙박비용은 4~6만원. 식사를 원할 경우 1인당 1만원의 추가 비용을 지불하고 주인 내외에게 부탁하면 된다. 화장실과 세면장은 별도로 갖추고 있지만 문화재로 지정된 곳이기에 개별 취사는 불가능하다. 남천고택에서는 매월 한 차례 해설이 있는 작은 음악회를 열기도 한다. 세레나데, 오카리나, 팬플룻, 대금, 하모니카 연주 등이 마당 뒤편 뜰에서 펼쳐진다. 상세 공연내용은 남천고택(카페 : cafe.daum.net/ncgotack)를 통해 확인할 수 있다.

찾아가는 길

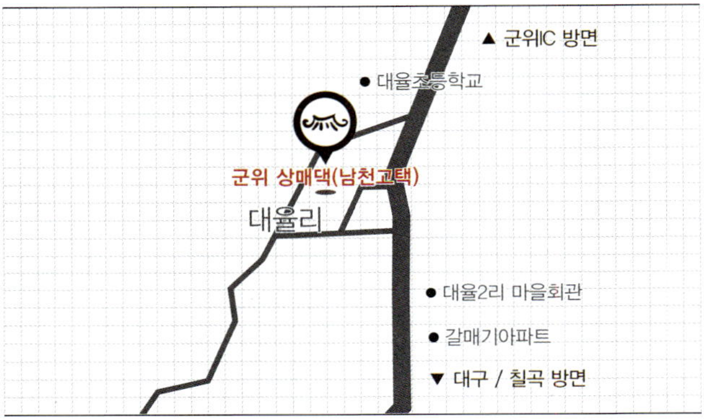

중앙고속도로 군위IC에서 5번 국도를 이용해 효령면까지 진행한다. 효령면에서 919번 지방도로를 타고 다시 부계면까지 진행한 뒤, 부계삼거리에서 제2석굴암(삼존석불) 이정표를 따라 우회전한다. 우회전 후 79번 지방도를 따라 5km 정도 진행하면 제2석굴암(삼존석불)에 못 미쳐 대율리 전통마을이 나온다.

다른 잠자리

한밤마을 입구에 최근 백송스파비스관광호텔(054-382-1400)이 문을 열었다. 백송스파비스관광호텔의 객실은 양실, 한실, 단체실로 이뤄져 있으며, 온천시설과 함께 다양한 편의시설을 갖추고 있어 온 가족이 함께하기에 좋다. 숲속에서의 하룻밤을 원한다면 고로면 장곡리에 위치한 장곡자연휴양림(054-382-9925, www.janggok.co.kr)을 찾아보는 것도 괜찮다.

맛있는 집

군위삼존석굴이 위치한 남산리 일대에 식당이 밀집해 있어 다양한 메뉴의 음식을 즐길 수 있다. 주홍산장(054-382-8050)은 청둥오리숯불고기와 청둥오리찜, 청둥오리탕 등 다양한 청둥오리 요리를 맛볼 수 있는 곳으로, 각각의 식사공간이 독채로 이뤄져 있어 편안한 분위기에서 식사를 즐길 수 있다. 원두막식당(054-383-8227)은 야들야들한 꿩샤브샤브가 일품이며, 산너머남촌(054-383-5445)은 직접 키운 토종닭을 이용해 만든 촌닭백숙을 낸다.

여행코스

1 아미타여래 삼존석굴　2 인각사　3 학소대　4 법주사

1 아미타여래 삼존석굴

미타삼존을 모시고 있는 군위삼존석굴은 경주의 석굴암보다 100년 먼저 조성된 천연석굴로 1962년 12월 20일 경주 석굴암과 함께 국보로 지정되었다. 군위삼존석굴은 국보 제109호다.

2 인각사

사적 제374호인 군위 인각사는 통일신라 때 창건된 사찰이다. 이곳에서 일연선사가 5년간 머무르며 삼국유사를 완성했다고 한다. 인각사에는 일연선사의 부도인 보각국사정조지탑과 일연선사의 행적을 기록한 보각국사비가 남아 있다. 둘은 모두 보물 제428호로 지정돼 있다. 이외에도 군위 인각사 석불좌상(경상북도 유형문화재 제339호)과 일연선사생애관이 자리해 있다.

3 학소대

군위군 고로면 화북리에 위치. 학소대는 인각사와 도로 하나를 사이에 두고 자리해 있다. 남성미 물씬 풍기는 수직절벽이 인상적인 학소대는 여름철이면 군위는 물론 인근의 의성과 영천, 심지어는 대구에서까지 피서객이 몰려드는 소문난 피서지이다.

4 법주사

법주사는 신라 소지왕 15년(493)에 창건된 사찰이다. 경내에는 법주사5층석탑(경상북도문화재자료 제27호)과 우리나라에서 가장 큰 맷돌인 군위 법주사 왕맷돌(경상북도민속자료 제112호)이 있다.

이야기가 있는

경북 한옥 예향

의성義城

의성 운초당

옥녀산발형 대길지에
자리한 영천 이씨 마을

금성산 자락에 위치한 산운마을은 의성의 명산인 금성산과 구름이 절묘하게 어우러진다고 해서 붙여진 이름이다. 영천 이씨의 집성촌이기도 한 이곳에는 학록정사(경상북도 유형문화재 제242호)와 운곡당(경상북도 문화재자료 제374호)을 포함해 전통 가옥 40여 채가 보존돼 있으며, 고택과 고택 사이로 예쁜 돌담길이 이어져 천천히 돌아보기에 좋다. 그 돌담길 중간에 이병건 가옥이라고도 불리는 운초당이 위치해 있다.

글과 사진 _ 정철훈

1

산운마을에 터 잡은 영천 이씨

경북 의성의 산운마을은 본래 장씨, 정씨, 구씨, 백씨 등 4개 성씨가 모여 살던 곳이었다. 이후 평산 신씨가 이곳에 터를 잡으면서 차츰 4개 성씨는 마을을 떠나기 시작했고, 학동 이광준이 평산 신씨에 장가들면서 영천 이씨의 입향이 시작되었다. 당시 이광준의 나이가 26세였다고 하니 450여 년 전의 일이다. 이렇게 산운마을에 터를 잡은 영천 이씨는 한국전쟁 전후로 마을주민의 80%이상을 차지했고, 지금도 주민의 과반수가 영천 이씨이다. 마을에서는 지난 2009년 입향 450주년을 맞아 큰 행사를 벌이기도 했다.

산운마을은 영남지역에서 대감마을로 통한다. 이는 4대에 걸쳐 6명이 대과에 급

1. 사랑채 내부
2. 사랑채 큰방에서 본 모습
3. 사랑채 내부
4. 운초당 벽에 걸린 소쿠리

제하였을 뿐 아니라 입향조인 이광준과 그의 아들 이민성과 이민환의 불천위 제사를 모시고 있기 때문이다. 한 가문에서 세 명의 불천위 제사를 모시니 영남 일대에서는 산운마을의 영천 이씨를 가리켜 대문중이라 부르기도 한다. 이광준, 이민성, 이민환 위패는 학록정사의 광덕사에 합사되어 있다.

5

옥녀산발형의 대길지

산운마을은 사람이 사는 양택지로서는 대길지로 꼽힌다. 우선 금성산이 뒤를 받치고, 수정계곡에서 시작된 맑은 물이 서쪽으로 흘러 대평들에서 쌍계천과 합류하는 전형적인 배산임수의 지세를 갖추고 있다. 거기에 마을 앞의 북두산과 문필봉인 선암산은 안산과 조산으로서 더없이 좋은 모양새를 하고 있다. 하지만 무엇보다 산운마을 터를 명당이라 하는 이유는 풍수상 전형적인 옥녀산발형(玉女散髮形) 지세를 보이기 때문이다.

여인이 머리를 풀고 거울 앞에 앉아 단장하는 듯한 모습의 지세를 일컫는 옥녀산발형 지세는 예로부터 뭇 사람들의 선망을 받는 재자가인이 배출되는 곳으로, 명당 중에서도 명당으로 꼽히는 길지로 알려져 있다. 이런 지형 때문에 혹자는 영천 이씨가 아닌 그 어떤 성씨가 이곳에 터를 잡았다 해도 가문의 번창을 보장받았을 수 있었을 것이라고 말하기도 한다. 실제로 영천 이씨 가문에 전해오는 '옥녀사(玉女辭)'의 내용을 살펴보면 산운 터에 대한 그들의 자긍심이 얼마나 큰지를 알 수 있다.

'천마봉 옛 이름을 옥녀로 고쳐 짓고
이 땅에 처음 올 때 황학타고 내렸기로 그 산 이름 금학이요
앞산에 퉁소 불제 봉황이 춤추기로 그 산 이름 비봉이요
단장할 때 보는 거울 건너 봉에 걸렸기로 그 봉은 괘경(掛鏡)이라.'

5. 금성산의 모습 6. 산운마을과 금성산의 모습

산운마을의 주산인 금성산은 최고의 명당을 품고 있는 산인만큼 재밌는 전설도 많이 간직하고 있다. 그 중 대표적인 것이 금성산 정상에 묘를 쓰면 묘를 쓴 사람은 거부가 되지만 인근 30리 마을에 비가 오지 않고 가뭄이 든다는 내용이다. 실제로 산운마을에는 일제강점기 때 탑리에 사는 김모 씨가 금성산 정상에 암장을 한 뒤 큰 부자가 됐다는 얘기가 전해오기도 한다. 하지만 문제는 자신의 욕심을 채우기 위해 금성산에 묘를 쓰면 가뭄으로 인해 인근 마을주민들이 피해를 본다는 사실. 그렇다 보니 마을 주민들은 가뭄이 들면 만사제치고 금성산에 올라 암장된 뼈부터 찾곤 했다고 한다. 흥미로운 건 가뭄이 든 해에는 어김없이 금성산 정상에서 암장된 뼈가 발견됐다는 것이다.

금성산 정상에서 찾아낸 뼈는 마을사람들이 지켜보는 가운데 '소돌방구'라 불리는 정상부근 절벽에서 아래로 던져졌는데, 이는 자신의 욕심을 채우려 마을전체에 피해를 준 한 개인에 대한 벌이자 마을 공동체의 결속을 다지는 중요한 계기가 되기도 했다. 뼈를 암장했던 후손들은 늦은 밤이 되어서야 계곡 아래에 흩어진 뼈를 수습해 마을을 떠났다고 한다. 웃지 못 할 일이지만 이같은 일은 1973년까지도 계속 되었다고 한다.

7

산운마을 서당이었던 곳
운초당

이병건 가옥이라 불리는 운초당은 운곡당 맞은편에 위치해 있다. 운초당은 본래는 현 거주자인 영천 이씨 27대손인 이병건 씨의 이름을 따 이병건 가옥이라 불렸으나, 최근 조부의 호인 운초를 따 운초당이라 이름 붙였다.

운초당의 정확한 건립 시기는 알 수 없지만 마을 어르신들의 말에 따르면 250여 년 전에 지어졌으며, 산운마을의 서당 중 한 곳이었다고 한다. 대감마을로 불리는 산운마을에서 초등교육을 담당했던 곳이었다는 말이다. 그러고 보니 운초당 사랑채에서는 문필봉인 선암산이 정면으로 바라다 보여 서당으로서는 더없이 좋은 자리가 아닐까 싶기도 하다.

운초당은 제법 넓은 터에 사랑채와 안채만이 남아있는데, 이는 한국전쟁 당시 몇몇 부속건물이 소실된 탓이다. 사랑채도 당시 많은 피해를 입고 기둥이 약해져 5년 전 어쩔 수 없이 집을 허물고 새로 지었다. 현재 사랑채는 내부공간을 고택체험에 적합하도록 개조해 숙박공간으로 활용하고 있다.

7. 운초당 정자와 소나무
8. 우물과 장독
9. 아담한 연못에 수련이 피어있다.
10. 운초당 뒷편 굴뚝
11. 텃밭에 자라는 고추

운초당 여행수첩

주소 : 경상북도 의성군 금성면 산운1리 209

전화 : 011-812-0232

운초당에서 숙박이 가능한 공간은 새로 지은 사랑채이다. 사랑채는 모두 3개의 방으로 구성돼 있으며 주방과 화장실, 세면장을 갖추고 있다. 주방에는 취사에 필요한 냉장고, 밥솥, 전기레인지 등이 꼼꼼히 챙겨져 있어 개별 취사가 가능하다. 숙박비용은 2인 기준에 4만원. 기준인원 초과 시 1인당 1만원의 추가비용을 부담해야 한다. 운초당에는 넓은 마당과 정자 등이 잘 갖춰져 있어 가족 단위는 물론 단체이용객들도 이용하기에 좋다. 마당 옆 텃밭의 고추나 상추는 투숙객이 무료로 이용할 수 있는 공간이다.

찾아가는 길

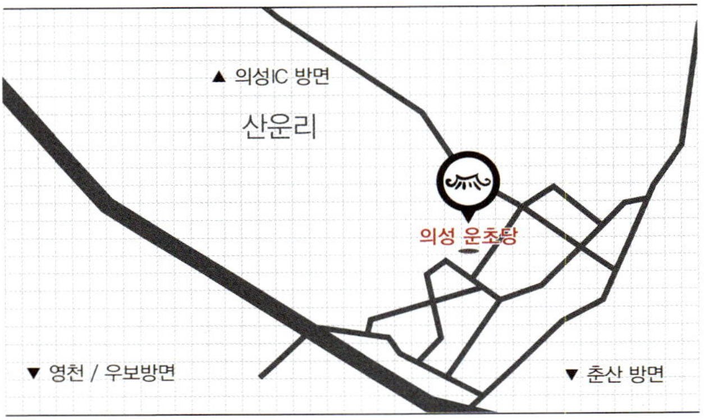

중앙고속도로 의성IC에서 우회전해 5번 국도를 타고 구미삼거리까지 진행한다. 구미삼거리에서 금성방면으로 9km 정도 가면 대리삼거리가 나오는데, 이곳에서 영천 · 우보 방면 이정표를 따라 우회전한다. 이곳에서 68번 지방도를 따라 2km 정도를 더 가면 산운마을 이정표가 나온다.

다른 잠자리

의성읍 주변에 금강장(054-834-0907), 신라장(054-832-0015), 진주장(054-833-1121), 테마모텔(054-834-9982) 등 다수의 숙박시설이 모여 있으며, 봉양면 구산리의 탑산약수온천(054-834-5030)이나 의성군에서 운영하는 금봉산자연휴양림(054-833-0123) 등도 추천할 만하다.

맛있는 집

의성 5일장이 열리는 2일과 7일에는 남선옥(054-834-2455)에서 30년 전통의 곰탕을 맛볼 수 있다. 정육점을 겸하고 있는 남선옥의 숯불구이도 맛있다. 외정황토못메기(054-834-2455)에서는 메기매운탕, 메기구이, 메기불고기 등을 맛볼 수 있으며, 의성 마늘 먹인 소고기로는 경동숯불갈비(054-832-9680), 의성마늘목장(054-834-9292) 등이 유명하다.

여행코스

1 빙계계곡　2 탑리 오층석탑(국보 제77호)　3 금성산 고분군(경상북도 기념물 제128호)
4 제오리 공룡발자국화석 산지(천연기념물 제373호)

1 빙계계곡

의성군 춘산면 빙계리에 위치. 경북 8승의 하나인 빙계계곡은 의성을 대표하는 휴식공간으로 원효대사와 요석공주의 사랑이야기가 전해오는 풍혈과 냉혈 외에도 탑리오층석탑을 모범으로 한 의성 빙산사지오층석탑(보물 제327호)과 용추 그리고 물레방아, 의각, 부처막, 어진바위 등 빙계8경을 품고 있다.

2 탑리 오층석탑(국보 제77호)

의성군 금성면 탑리리 1383-1에 위치. 의성 탑리 오층석탑은 화강암으로 조성된 통일신라시대의 석탑으로 일부 전탑의 기법을 모방해 모전석탑이라 부르기도 한다. 모전석탑으로는 경주의 분황사탑 다음으로 오래된 의성 탑리 오층석탑에선 전탑의 기법 외에 목조건물의 건축양식도 찾아볼 수 있어 당시 석탑 양식을 연구하는 데 귀중한 자료가 되고 있다.

3 금성산 고분군(경상북도 기념물 제128호)

의성군 금성면 탑리리 · 대리리에 위치. 의성군 금성산 일대에 분포되어 있는 이들 200여 기의 고분은 삼국시대에 조성된 것으로 추정되며, 현재까지도 발굴 작업이 진행 중이다. 고분과 고분 사이로 깔끔한 산책로가 조성돼 있어 산책을 즐기기에 좋은 곳이다.

(문의 : 054-834-0302)

4 제오리 공룡발자국화석 산지(천연기념물 제373호)

의성군 금성면 제오리에 위치. 의성 제오리 공룡발자국화석 산지는 금성산 화산이 분출하기 전인 1억만 년 전 생성된 퇴적 암반층으로, 이곳에는 316개에 이르는 다양한 종류의 공룡발자국이 남아있다. 제오리의 공룡발자국화석은 보존 상태가 양호해 육안으로도 식별이 가능하다.

이야기가 있는

경북 한옥 예향

청송 青松

청송 송소고택

청송 심씨 만석꾼이 일궈낸 대궐 같은 집

청송 심씨는 조선왕조를 통틀어 왕비 4명, 정승 13명을 배출한 명문가 사대부 집안으로 청송은 청송 심씨의 본향이다. 송소고택은 조선 영조 때 만석의 부를 누린 심처대의 7대손인 송소 심호택이 지은 집으로 그 주인 역시 청송 심씨다. 조선시대는 양반이 상행위를 하는 것을 천시했던 시대다. 명문가 집안에서 만석의 부를 누린다는 것은 매우 역설적이다. 과연 청송 심씨 집안에서 어떻게 만석의 부호가 나게 되었을까?

글과 사진 _ 문일식

1

고려와 조선, 청송 심씨의 두 형제를 나누다

청송 심씨는 고려시대 때부터 벼슬길에 나간 명문가 사대부 집안으로 고려시대 때 위위사승을 지냈던 심홍부를 시조로 모시고 있다. 고려 말에 이르러 청송 심씨 집안에는 두 아들이 있었는데, 첫째는 심덕부요, 둘째는 심원부다. 한 핏줄이었던 두 형제는 우애는 깊었지만, 나라에 대한 생각은 달랐다.

첫째는 고려조정을 무너뜨리고, 조선을 세우려 했던 역성혁명파였고, 둘째는 고려가 망하자 두문동에 들어간 고려의 충신이었다. 결국 첫째의 집안은 조선시대를 통해 명문가의 길을 걷게 되지만, 둘째의 집안은 '학문은 하되, 조선의 벼슬을 하지 말고 낙향하라'는 유지와 함께 은둔의 길에 들어섰다.

청송에 세거하고 있는 청송 심씨들은 바로 고려의 충신이었던 심원부의 자손들이다. '학문은 하되, 조선의 벼슬을 하지 말라'는 유지가 있었으니, 과거에 나가는 이도 없었고, 벼슬을 하는 이가 없었다. 대대손손 청송에서 은둔하며 학문을 쌓으며, 가난한 선비의 삶을 산 셈이었다.

1. 송소고택 사랑채의 대청
2. 송소고택의 사랑채 대청과 툇마루
3. 송소고택 사랑채
4. 안채 뒷마당 담에 뚫린 구멍을 통해 사랑채를 볼수 있다.

청송 심씨가 만석의 부를 누리게 된 것은 조선 영조 때 이르러서다. 만석꾼의 기틀을 다진 이가 나왔으니 그가 바로 심처대다. 그는 노비 하나만 데리고, 현재 청송군 파천면 지경리의 골짜기인 호박골로 들어가 노는 땅을 개간했다. 당시에는 양반에게 땅을 개간할 수 있는 허가를 내주었는데, 심처대가 땅을 개간할 사람들을 모아 농지를 만들고, 농작물을 수확하면서 부를 쌓기 시작한 것이다.

심처대가 쌓기 시작한 만석의 부는 9대에 걸쳐 이어졌고, 일제강점기 때만해도 2만석지기였다. 조선 말엽 집안에 수십 명의 도둑이 들어와 한 짐씩 가져갔는데도 불구하고 남은 재물로 송소고택을 지었다고 하니 얼마나 큰 부자였는지 짐작할 만하다.

5

스님으로부터 얻은 대대손손 만석지기의 길지

송소고택에는 심호택이 집을 지을 당시 길지를 전해준 스님 이야기가 전해진다. 엄동설한의 추운 새벽 심호택은 덕천마을에서 제사를 마치고 재를 넘어 호박골로 돌아가던 길이었다. 스님 한 분이 눈길에 쓰러져 있어 노비의 지게에 실어 호박골로 돌아와 3일 밤낮으로 간호했다. 깨어난 스님은 중의 몸이라 줄 것은 없고, 대신 머지않아 초상이 생길 것 같으니 좋은 길지를 봐주겠다고 한 뒤 사라졌다.

보름 뒤 그 스님은 좋은 길지를 찾아 알려주었다. 한 곳은 큰 인물이 나오는 곳이지만, 자손과 재물이 귀한 곳이고, 다른 한 곳은 큰 인물은 아니지만 대대손손 만석의 부를 쌓으며, 자손이 많아지는 곳이었다. 양반 가문이었으니 당연히 명예를 귀하게 여겨 큰 인물이 날 곳을 택했겠지만, 심호택은 큰 인물은 아니어도 대대손손 부유한 집안을 택했다.

집안 대대로 은둔생활을 해야 했던 심원부의 유지뿐 아니라 길지의 숨은 뜻 때문인지 큰 인물은 나지 않았지만, 명성황후 시해사건으로 촉발된 안동의 의병 봉기 때 군자금을 대기도 했고, 1907년 국채보상운동 때 청송 대표로 참여하기도 했다. 송소고택이 지금도 덕천동 심부자댁으로 불리는 걸 보면 대대손손 만석의 길지를 얻었던 건 분명하다.

5. 송소고택의 안채
6. 송소고택의 사랑채
7. 송소고택의 별채
8. 덕천마을 입구에 있는 청송 심씨 본향이라 새겨진 비석
9. 고택 대문에서 바라본 내외벽(헛담)

10. 별채 입구에서 본 송소고택 전경
11. 사랑채 대청에서 본 안마당

20년이나 걸린 대토목공사 드디어 송소고택을 짓다

송소고택은 1880년경에 지어진 상류고택으로 집의 규모가 제법 크다. 호박골에서 만석의 부를 창출한 심처대의 7대손인 송소 심호택이 호박골에서 덕천마을로 나오면서 지은 집이다. 당시 송소고택뿐 아니라 송소 심호택의 사형제 집을 송소고택과 나란히 지었다. 송소고택만 13년이 걸렸고, 마지막 네 번째 집이 완성될 때에는 송소 심호택의 막내아들이 성년이 되었을 정도였으니 20년이나 걸린 대공사였다.

대원군 때 경복궁을 중건했던 도편수 2명이 내려와 집을 지었고, 30여 명이나 되는 인부들이 인근에서 움막을 짓고, 기거하며 집을 지었다고 전한다. 목재는 대부분 주왕산과 태백산 자락의 금강송이 사용됐다. 길이 있는 곳에서는 우마차가 나무를 실어 날랐고, 깊은 산속에서 자란 나무는 골짜기 아래로 굴려 내린 뒤 비가 내려 큰물이 지면, 물길을 따라 실어 날랐다고 한다.

송소고택을 짓는데 20년의 세월이 걸렸던 데에는 또 다른 이유가 있다. 심호

택이 꾼 길몽 때문이었다. 송소고택 앞으로 작은 물길이 하나 있는데, 원래 작은 개천이었고, 비가 내리면 주변 산자락에서 흐르는 물이 모여 큰 물길이 나던 곳이었다. 심호택은 개천 옆에 불이 크게 나는 길몽을 꾸었다. 이후 제방을 쌓아 물길을 돌리고, 그 주변을 매립해 땅을 다졌다. 송소고택이 지어진 곳이 바로 매립된 땅이었다. 제방을 쌓고, 땅을 매립하고, 그 위에 집을 지었으니 20년의 대토목공사라 해도 과언이 아니다.

참고 _ 〈송소고택 심재오 선생〉

송소고택 여행수첩

주소 : 경상북도 청송군 파천면 덕천리 176
전화 : 054-874-6556

송소고택은 안채, 큰 사랑채, 작은 사랑채, 별채 등 12개의 방이 있으며, 5만원부터 15만원까지 기준인원과 방 크기에 따라 가격대도 다양하다. 큰 사랑채는 기단이 높고, 넓은 대청이 있어 정원이 있는 넓은 안마당을 내려다보기 좋다. 고택의 별채는 독립된 공간으로 가족단위의 단체가 이용하기 좋은 곳이다. 취사와 식사는 할 수 없으며, 깔끔한 샤워실과 화장실 시설이 고택 내에 마련되어 있다. 예약은 인터넷을 통해서만 가능하다. (홈페이지 : www.송소고택.kr)

찾아가는 길

중앙고속도로 서안동IC에 내려 안동시내방면 34번 국도를 이용해 송현오거리에서 우회전, 어가골교차로에서 영덕, 안동댐방면으로 좌회전한다. 약 2.5km 지나 영가대교를 건넌 뒤 정상교차로에서 영천방면 35번 국도를 타고 길안면 소재지에 이른다. 길안면 소재지에서 청송방면 914번 지방도를 타고, 약 15km 떨어진 곳에 송소고택이 있다.

다른 잠자리

송소고택 주변으로는 송정고택과 찰방공종택도 한옥체험이 가능한 곳이다. 송소고택과 이웃해 있는 송정고택(010-3891-2622)은 사랑방, 책방, 안방 등 6실을 운영하고 있고, 찰방공종택(054-873-6502)은 안채와 사랑채 등 5실을 이용할 수 있으며, 앞마당에는 고택과는 별개로 주방과 화장실 시설을 갖춘 별채시설이 별도로 있다.

맛있는 집

송소고택 인근에 있는 소슬밥상(054-873-6300)은 맛깔스런 백반을 내는 곳이다. 산채, 장아찌, 전 등 15가지가 넘는 반찬이 딸려 나온다.

여행코스

1 관리 왕버들　2 청송양수발전소　3 주왕산 트래킹

1 관리 왕버들

높이 18m, 둘레 5.7m에 이르는 관리 왕버들은 천연기념물 제 193호로 지정되어 있으며, 400년이 넘는 고목이다. 마을의 당산나무로 제를 지낼 때 사용한 종이로 글씨연습을 하면 글씨를 잘 쓰게 된다는 전설이 남아 있다.

2 청송양수발전소

국내 6번째로 건설된 청송양수발전소는 상부댐으로 물을 끌어올려 저장해 두었다가 전력 수요가 많은 시간대에 하부댐으로 낙하시켜 발전한다. 상부댐에 있는 홍보관은 양수발전의 원리를 이해하고 체험할 수 있는 체험공간과 3D입체영상관으로 꾸며져 있고, 상부댐 전망대에서는 청송읍뿐 아니라 사방으로 펼쳐진 산세가 장관을 이룬다.

3 주왕산 트래킹

주왕의 전설이 깃든 주왕산은 산행코스보다 1, 2, 3폭포까지 완만하게 이어지는 트래킹코스가 더욱 인기가 많다. 주왕암과 주왕굴을 거쳐 학소대에 이르는 자연학습탐방로는 주왕의 슬픈 전설과 주왕산의 자연환경을 몸소 느껴볼 수 있는 구간으로 전망대에서 바라보는 주왕산 주변 기암절벽과 산세는 매우 아름답다. (문의 : 주왕산국립공원 054-873-0014~5)

청송 서벽고택

은둔의 숲으로 마을을 가리었던 곳

나라의 운명은 집안의 운명을 결정하기도 한다. 나라가 망하면 나라와 함께 멸문지화를 당하기도 하고, 세상과 인연을 끊고 은둔하기도 한다. 중뜰에 남아 있는 서벽고택은 본관도 바꾼 채 조선시대를 등지고 살았던 평산 신씨 판사공파의 후손이다. 200년이 넘은 고택과 고택에 깃든 은둔의 역사를 알아본다.

글과 사진 _ 문일식

은둔의 길을 걷게 된 평산 신씨, 영해 신씨가 되다

청송군 파천면 중평리에 있는 서벽고택은 평산 신씨 판사공파 종택, 사남고택 등과 함께 평산 신씨 판사공파 집안의 집성촌이다. 평산 신씨는 장절공 신숭겸을 시조로 모시고 있으며, 고려시대를 거치며 많은 인재를 배출한 명문 집안이다. 하지만, 청송군 파천면에 세거하고 있는 평산 신씨는 조금 남다르다. 고려가 망하고, 조선이 들어서면서 평산 신씨의 운명이 바뀐 것이다.

평산 신씨 판사공파는 이유헌 신득청을 시조로 모시고 있다. 신득청은 고려 말의 문신으로 공민왕 때 왕사였던 신돈의 전횡을 탄핵하는 상소를 올렸다가 영해(현재 영덕군 영해면)로 낙향한 뒤 조선이 개국하자 망국의 한을 품고 바다에

1. 서벽고택의 안마당 2. 서벽고택의 대청마루에서 본 모습

몸을 던져 순절한 인물이다. 신득청은 역성혁명으로 세운 조선을 인정하지 않았다. 더구나 자손들에게는 특별한 유지를 남겼다. 본관을 영해 신씨로 바꾸고, 새 시대가 도래하면 다시 평산 신씨로 바꾸라는 것이었다. 현 서벽고택의 주인인 신효승 선생도 젊었을 때 호적 등본을 떼보고 깜짝 놀랐다고 한다. 평산 신씨로 알고 있었는데, 호적에는 영해 신씨로 되어 있었으니 놀랄 수 밖에……. 1980년대 들어 영해 신씨는 다시 평산 신씨로 회복되었다. 조선이 역사 속으로 사라지고 나서도 한참 뒤의 일이었다.

평산 신씨 판사공파의 은둔의 흔적은 마을 입구에도 온전히 드러난다. 용전천이 마을을 가로지르며 흐르는 가운데 마을로 들어서는 입구에는 천변을 따라 울창한 송림이 펼쳐져 있다. 이 송림은 평산 신씨가 세거하는 마을을 가리기 위해 심었다고 전해진다. 은둔의 삶을 유지로 삼은 집안이었으니 충분히 그랬을 법하다. 조선으로부터 중용되지도 않았지만, 혼탁한 출세의 길을 내던지고 선비의 길을 택한 집안의 당당함이 엿보인다. 현재는 송림의 대부분을 농지로 개간하면서 마을입구의 일부만 남아 있다. 개간하기 전에는 수백미터에 이르는 송림이었다고 하니 마을을 충분히 가리고도 남았으리라.

서벽고택 기증에 실패하다

새마을운동이 시작되기 전 서벽고택과 종택 주변으로 기와집들이 대부분이었다고 한다. 종택 앞에는 종택보다 더 크고 으리으리한 집이 들어섰을 정도였다. 새마을운동이 시작되면서 고택을 나누던 흙담도 사라지고, 사람들도 하나 둘 떠나면서 폐가가 되거나 주택개량을 해 고즈넉한 기와집의 고풍스러움은 사라졌다.

서벽고택도 사라질 위기에 놓였던 적이 있었다. 한국전쟁 당시 북한군이 중평리를 폭격하려고 했었는데, 북한군이 새터(현 신기리)를 오폭해 살아남을 수 있었다. 1990년 대에는 서벽고택을 대구의 모 대학에 기증하려고 한 적이 있었다. 기증 절차에 따라 고택의 상태를 조사하게 되었는데, 고택이 워낙 오래되고 낡아 기증 보다는 그대로 유지하는 편이 낫다는 조사결과가 나와 기증하지 못한 일도 있다. 기증하지 못한 게 다행이라면 다행이다. 서벽고택은 1993년 경상북도 민속문화재 제 101호로 지정되어 보수공사를 거쳐 지금에 이르고 있다.

서벽고택의 주인인 신효승 선생은 몇 해 전부터 고향에 내려와 고택을 지키고

3. 서벽고택의 전경 4. 사랑방에 불을 때고 있는 모습
5. 서벽고택의 사랑채 6. 자귀로 깎고 다듬은 흔적

있다. 고택은 1983년부터 20년이 훨씬 넘게 비어 있었다. 그가 태어나고 자랐던 서벽고택이 무너져가는 안타까움이 짙었던 모양이다. 자고로 집에는 사람이 살아야 한다. 사람의 온기가 있어야 한다. 사람이 살지 않으면 이미 그 집은 집으로써 가치를 잃는다. 그리고, 추억도 사라진다. 아마도 신효승 선생이 서벽고택을 다시 찾은 이유일지도 모른다.

아궁이에 불을 피우자 굴뚝으로 모락모락 연기가 난다. 나무타는 냄새가 참 좋다. 마치 고택이 되살아 나는 것처럼 온기가 피어오른다.

7

8

9

독특함이 묻어나는 서벽고택

서벽고택은 평산 신씨 판사공파가 중평리에 자리잡기 시작하면서부터 시작된다. 입향조인 신한태가 평산 신씨 판사공파의 종택을 지었고, 그의 막내 아우인 신한창이 분가하면서 지은 것이 바로 서벽고택이다. 서벽고택은 조선 영조 때에 이르러 신한창의 증손인 신치구가 증축하게 되는데, 자신의 호를 붙여 서벽고택이라 불리고 있다.

서벽고택 안마당에서 고택을 바라보면 제법 안정적이고, 편안한 느낌이 든다. 좌우로 1칸씩 연장이 되어 있고, 전면에서 보이는 두 개의 합각이 유려한 곡선을 그리기 때문인데, 복원되기 전에는 합각이 그려내는 곡선이 훨씬 깊었다고 한다.

서벽고택은 전형적인 경북의 'ㅁ'자형 집이다. 대청을 중심으로 좌우로 상방과 고방이 있고, 뜰 좌우로는 안방과 부엌이, 전면으로는 사랑채와 창고가 나란하다. 서벽고택은 고택 전면 양옆으로 마루가 딸린 방과 작은 사랑방이 날개처럼 들어서 있는 것이 독특하다. 마루가 딸린 방은 감실을 따로 마련해 두고, 제사를 지내

7. 서벽고택을 설명해주시는 신효승 선생
8. 서벽고택 대청 옆에 있는 고방
9. 평산 신씨종택의 전경
10. 서벽고택입구에 있는 중평리솔밭

는 공간으로 사용했다. 이 공간에 사용된 기둥만 원형기둥인 원주로 되어 있고, 사랑채나 안채의 기둥은 원형이 아닌 사모기둥으로 되어 있는 것도 큰 특징이다.

조선시대 때는 살림집에 원형기둥을 사용하지 못하게 했지만, 조선 후기로 접어들면서 원형기둥을 사용하는 예가 많았다. 하지만, 가옥 하나를 두고 다른 기둥을 사용한 예는 드물다. 고택은 전체적으로 목재를 찍어서 깎고 다듬는 자귀를 이용한 흔적이 많이 남아 있다. 기둥은 물론이고, 판문과 판벽까지 그 흔적이 남아 있다.

참고〈서벽고택 신효승 선생〉

서벽고택 여행수첩

주소 : 경상북도 청송군 파천면 중평리 378
전화 : 011-748-1387

서벽고택은 작은사랑방과 안방, 고방 등 3개의 방을 이용할 수 있다. 작은 사랑방은 5만원, 안방과 고방은 각각 7만원이다. 서벽고택은 수세식 화장실과 샤워장 시설을 아직 갖추지 못했지만, 앞으로 시설을 갖출 예정이며, 서벽고택뿐 아니라 평산 신씨 판사공파 종택과 사남고택을 연계해 한옥체험장으로 거듭날 계획이다.

찾아가는 길

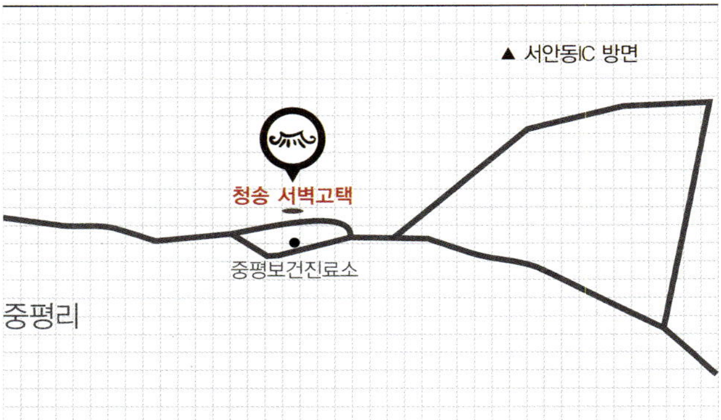

중앙고속도로 서안동IC에서 안동, 영덕 방면 34번 국도를 이용해 청송군 진보면 소재지가 있는 진안삼거리에서 우회전해 31번 국도를 타고, 파천면 소재지를 지나 중평리 방향으로 우회전해 중평교를 건너 약 1.4km 정도 가면 서벽고택을 만난다.

다른 잠자리

파천면 덕천리에 있는 창실고택(010-8509-2436, www.changsil.com)은 100여 년의 역사를 자랑하는 전통한옥으로 사랑채와 안채, 행랑채, 황토방 등 6실의 다양한 숙박공간을 제공한다. 청송 읍내에 위치한 주왕산온천관광호텔(054-874-7000, www.juwangspahotel.co.kr)은 알카리성 중탄산 나트륨천인 솔기온천이 있어 휴식을 즐기기에 안성맞춤이다.

맛있는 집

상탕, 중탕, 하탕으로 나뉘어 있는 달기약수탕에는 약수를 넣어 푹 고아낸 닭백숙을 내는 집들이 많다. 특히 철분이 많이 함유된 중탕에 위치한 달기약수 닭백숙(054-873-2351)은 닭백숙 뿐 아니라 닭불고기도 제법 맛이 좋다. 백숙과 불고기가 같이 나오는 토종닭불백숙은 추천할 만하다. 파천면사무소 인근에 있는 한우왕식육식당(한우모듬, 054-872-4343)은 농장에서 직송하는 신선한 한우 맛을 볼 수 있는 곳이다.

여행코스

1 외씨버선길 2 달기약수탕 3 백석탄 4 방호정

1 외씨버선길

봉화, 영양, 영월, 청송군의 옛길로 청송군의 외씨버선길은 청송읍내의 운봉관에서 한지체험장까지 11.5km가 이어져 있으며, 서벽고택이 있는 중평솔밭에서 한지체험장까지는 5.2km, 청송읍내 운봉관까지는 6.3km 떨어져 있다.

2 달기약수탕

물이 좋기로 잘 알려진 청송에는 달기약수가 유명하다. 조선 철종 때 수로 공사를 하던 중 바위틈에서 솟아나는 약수를 발견한 것이 그 시초다. 달기약수는 상탕, 중탕, 하탕, 신탕 등 10여 곳의 약수가 전하며, 약수 주변으로는 약수를 이용한 닭백숙집이 즐비하다.

3 백석탄

백석탄은 말 그대로 반짝거리는 하얀 돌이 있는 여울을 뜻한다. 길안천이 고와리로 접어들면 흰 바위가 널린 암반지대를 지나는데, 오랜 시간동안 물길이 지나면서 깎고 다듬은 자연예술작품이다.

4 방호정

길안천이 흐르는 높은 절벽 위에 세워진 방호정은 선비들이 학문을 논하고, 산수를 즐기던 곳이다. 조선 광해군 때 방호 조준도가 어머니 묘소가 보이는 곳에 세운 정자다.

청송 청운동 성천댁

주인은 바뀌어도 옛 모습
그대로 남아 있는 고택

청운동 성천댁은 언제 지어졌는지 그 내력을 알 수 없다. 다만 지어진 후로 대대로 물려내려왔다기보다는 주인이 계속 바뀌면서 지금에 이르고 있다. 성천댁은 최근 주인이 바뀌기 전 불렀던 주인의 호칭이다. 세월이 흘러 주인은 다시 바뀌었지만, 이름은 그대로 남았다. 새롭게 꾸며 낯선 사람들이 묵어가는 고택이 되었지만, 성천댁에는 아직도 성천댁의 흔적이 남아 있다.

글과 사진 _ 문일식

1

2

1. 성천댁 대청에서 바라본 지붕과 하늘
2. 성천댁 안채의 대청 전경
3. 성천댁의 전경
4. 성천댁 대청 옆 안방에는 작은 봉창이 있다.

주인이 계속 바뀌는 성천댁의 역사

산세 아름답기로 소문난 주왕산을 찾아가는 길에 청운동이라 불리는 마을이 있다. 청운리는 조선시대 때 대구에서 청송으로 가던 길에 있던 역촌으로 청운역이라 불렸고, 지금의 공무원쯤 되는 사람들이 모여 살던 마을이었다.

청운동은 배산임수의 형세로 마을 뒤로는 마치 뫼 산(山은)자처럼 생긴 낮은 산자락이 마을을 감싸고, 앞으로는 용전천이 마을을 휘감아 흐른다. 성천댁은 조선 고종 때 행장능참봉을 지냈던 임춘섭이 샀다는 내용만 전해질 뿐 언제 지어졌는지 알려지지 않았다. 다만, 어림잡아 200년 쯤 되었다고 한다.

3

4

1984년부터 성천댁으로 불린 이 고택은 몇 해 전 주인이 또다시 바뀌었다. 대구 카톨릭대학교의 신창석 교수가 현 주인이다. 옛 주인과는 친구사이였다. 당시 친구가 금전적인 어려움에 처해 있었는데, 친구를 돕는 일도 중요했지만, 고택이 사라지는 게 안타까워 구입했다고 한다.

실제로 청운동에는 오래된 고택이 7~8채 정도 있었는데, 대부분 헐리고 성천댁 하나만 남아 있었다고 한다. 이제 성천댁은 사라질 위기에서 벗어났고, 다시 사람들이 사는 공간으로 바뀌었다.

성천댁의 길쌈하는 소리를 듣다

지난 1984년 중요민속문화재 제172호로 지정되면서 청운동 성천댁이란 이름을 얻었다. 성천댁은 문화재로 지정될 당시 고택에 살고 있던 할머니를 부르던 호칭이다. 성천댁은 어떤 사람이었을까? 성천댁을 여기저기 둘러볼 때쯤 성천댁을 관리하는 관리인이 큰방과 부엌 사이의 좁은 공간에서 무언가를 발견했다. 오랜 세월동안 비바람과 먼지를 뒤집어 쓴, 마치 기다란 참빗처럼 생긴 물건, 바로 삼베를 짤 때 쓰는 바디였다. 형태는 똑같지만 바디를 이루는 대나무로 만든 살의 촘촘함은 각기 달랐다. 바디의 살이 촘촘할수록 더 고운 삼베를 만든다고 했다. 바디를 들여다보던 관리인 아주머니는 오래된 성천댁의 기억을 조금씩 건네주기 시작했다.

성천댁은 16살에 시집와 90세가 넘게 살았다. 남편을 여읜 후로 혼자 고택을 지켰다. 성천댁은 억척스럽고, 무척 바지런했다고 한다. 고택에서는 길쌈을 주로 했다. 그 바디는 길쌈의 작은 흔적이었다. 길쌈으로 얻은 삼베는 청송장에 내다 팔았다.

5. 성천댁의 전경
6. 성천댁 사랑채
7. 성천댁 대청마루의 불에 탄 자국
8. 안채 뒷켠에 마련된 별이 쏟아지는 들마루

대청마루에는 맨들맨들하게 잘 닦인 나무 바닥 여기저기에 둥글게 움푹 팬 흔적이 있었다. 호롱불을 켜 놓고 늦은 밤까지 길쌈을 하다가 나무 바닥을 태운 흔적이었다. 대청마루에 홀로 앉아 손톱과 이빨을 이용해 삼째기를 하고, 무릎이 부르트도록 손바닥으로 비벼가며 삼삼기를 했던 고단한 모습, 때로는 덜커덕 덜커덕거리며 삼베 한올한올 베를 짜던 성천댁의 모습이 파노라마처럼 스쳤다. 성천댁의 흔적은 안마당까지 이어졌다. 삼베를 매는 도구인 굵직한 도투마리가 문간채 한 켠에 기대어 서 있던 것.

문득 뒤를 돌아보니 안채 대청마루에서 덜컥덜컥 성천댁의 길쌈하는 소리가 들리는 듯했다.

9

세상에서 가장 작은 안마당을 바라보다

성천댁은 'ㅁ'자형 집으로 경상북도의 전형적인 뜰집이다. 뜰집은 중앙에 마당이 있는 집을 말하는데, 성천댁은 아담하고, 구성이 짜임새가 있다. 강원도나 경상북도의 산간지역은 겨울이 매우 길고 추울 뿐 아니라 맹수로부터의 위협이 늘 존재했다. 그래서 집안에 모든 것을 갖추고 살았다. 집안에는 가족뿐 아니라 가축도 들였으니 어떻게 보면 작은 요새라 할 수 있다. 이 작은 요새 안에는 고택의 아담함만큼이나 매력적인 공간, 마당이 있다.

아담하고 정겨운 성천댁은 정면 5칸, 측면 4칸의 작은 공간 속에 사랑방과 안방, 부엌과 외양간까지 갖췄다. 더구나 이 구성 한 가운데에 마당까지 만들었다. 세상에서 가장 작은 마당으로 기네스북에 올리겠다는 관리인의 얘기에 웃음이 터졌지만, 실상 틀린 얘기도 아닌 듯싶다. 어쩌면 이렇게 작고 아담한 마당이 있을까?

9. 세상에서 가장 작은 안마당
10. 성천댁에서 찾아낸 성천댁이 쓰던 바디
11. 성천댁에 남아있는 도투마리

작은 마당만큼이나 지붕이 만들어내는 하늘의 공간도 작다. 지붕이 만들어낸 입체적인 공간을 통해 작은 마당은 세상과 소통한다. 맑은 날에는 햇빛 가득 머금고, 비가 내리면 수많은 빗방울이 마당의 친구가 된다. 때론 새로운 손님도 찾아든다. 바람을 타고 날아온 씨앗이 물기를 가득 머금은 마당 한가운데 터를 잡고 싹을 틔운다. 성천댁 관리인 손에 남아날 날이 없지만, 이 작은 마당에 소나무 씨앗 한 점 날아와 소나무 한 그루 자란다면 어떨까?

대청마루에 앉아 세상에서 가장 작은 마당을 내려다보며 문득 그런 생각이 스친다.

성천댁 여행수첩

주소 : 경상북도 청송군 청송읍 청운리 1346

전화 : 010-5607-7272　　홈페이지 : www.hanoktour.com

성천댁은 안채와 사랑채로 구성되어 있다. 안채와 사랑채가 각각 두 개의 방으로 구성되어 있다. 사랑채는 미닫이문으로 나뉘어 있고, 안채는 뒷방과 큰방으로 각각 나뉘어 있다. 사랑채에는 차를 마실 수 있는 다구가 준비되어 있고, 안마당에서는 투호, 널뛰기, 자치기 등 전통놀이를 즐길 수 있다. 문간채는 입식 주방과 간단한 취사도구가 준비되어 있고, 화장실과 샤워실, 세탁기도 들여놓았다. 그릴을 구비해 놓았고, 상추, 고추, 깻잎 등 텃밭의 친환경야채는 무료로 이용할 수 있다. 예약은 전화로만 받는다.

찾아가는 길

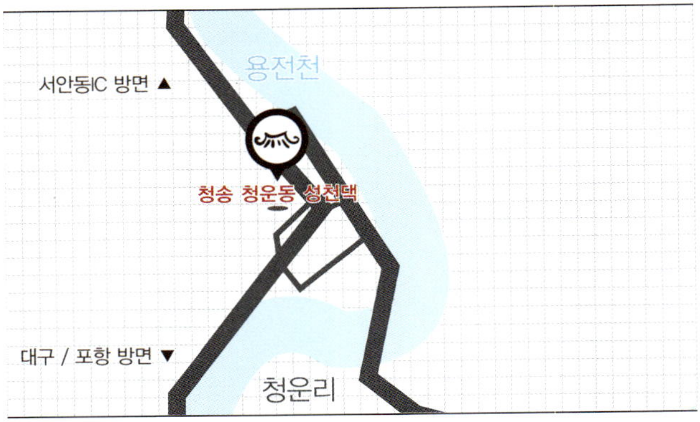

중앙고속도로 서안동IC에 내려 안동시내 방면 34번 국도를 이용해 송현오거리에서 우회전, 어가골교차로에서 영덕, 안동댐방면으로 좌회전한다. 약 2.5km 지나 영가대교를 건넌 뒤 정상교차로에서 영천방면 35번 국도를 타고 길안면 소재지에 이른다. 길안면 소재지에서 914번 지방도를 타고, 청송 읍내에 이르러 대구, 포항방면 31번 국도로 우회전한 뒤 약 5km 떨어진 청운삼거리에서 약 100m정도 직진하면 성천댁을 만난다.

다른 잠자리

청송군 부남면 대전리에 위치한 청송자연휴양림(054-872-3163, www.csforest.co.kr)은 1997년에 개장한 휴양림으로 복합산막 11동, 단체를 위한 연수의 집 등 숙박시설을 갖추고 있으며, 4km의 휴양림 산책로가 있어 자연 속에서의 하루를 만끽할 수 있다.

맛있는 집

주왕산국립공원 내에 있는 부산식당(054-873-9947)은 주왕산에서 주로 나는 고사리, 참취, 두릅, 병풍나물 등 각종 나물을 이용해 산채정식과 산채비빔밥을 내는 곳으로 유명하며, 구수한 된장찌개도 일품이다. 주왕산 국립공원 주변에는 신토불이식당(054-873-2988), 주왕산진미가든(054-873-8822), 청솔식당(054-873-8808) 등이 있다.

여행코스

1 청송민속박물관　2 주산지　3 절골계곡 트래킹

1 청송민속박물관

청송민속박물관은 청송지역의 문화와 역사뿐 아니라 계절과 절기에 따라 변화하는 세시풍속과 생활모습을 전해준다. 야외에는 주막, 물레방아, 연자방아, 입석, 조산 등 옛 모습을 그대로 재현해 놓아 지방문화의 단면을 엿볼 수 있다.(문의 : 054-874-9321)

2 주산지

주산지는 경종 원년에 완공된 인공저수지로 저수지에는 왕버들 20여 그루가 자생해 아름다운 자태를 뽐내고 있다. 5월 초, 10월 말에는 신록과 단풍이 아름다울 뿐 아니라 물안개가 낀 주산지는 신비스럽고 경이로운 풍경을 선사한다.

3 절골계곡 트래킹

절골계곡은 경사가 완만하고, 산세가 수려해 남녀노소 부담 없이 계곡 트래킹을 즐길 수 있다. 절골 매표소를 시작해 신술골을 거쳐 대문다리까지 2시간이면 넉넉하다. 주왕산의 기암절벽이 울창한 숲과 어울리며, 깊게 이어진 계곡을 따라 비경이 펼쳐진다. (문의 : 절골탐방지원센터 054-873-0019)

이야기가 있는

경북 한옥 예향

영양英陽

영양 석계종택

여성군자 정부인 안동 장씨를 만나는 곳

병자호란이 일어난 뒤 두들마을로 들어온 이들이 있었다. 석계 이시명 선생과 그의 아내인 정부인 안동 장씨다. 정부인 안동 장씨는 음식디미방의 저자일 뿐 아니라 석계 이시명 선생의 든든한 후원자이자 현모양처였다. 10자녀의 어머니이자 교육자로 재령 이씨가 번성하는데 결정적인 역할을 한 인물이기도 하다. 여성군자로 불리는 정부인 안동 장씨를 만나러 석계종택으로 떠나보자.

글과 사진 _ 문일식

세상과 단절한 남편을 따라 두들마을로 들어가다

정부인 안동 장씨는 19세의 어린 나이에 석계 이시명에게 출가해 20여 년의 세월을 석계 이시명 선생의 고향인 영덕 인량리에서 보냈다. 석계 선생이 두들마을로 들어온 것은 1631년 영덕 인량리에서 분가해 나오면서다. 하지만, 아버지인 운악 이함과 장인인 경당 장흥효가 연이어 세상을 뜨자 영덕과 영양을 오가며 생활을 해야 했다.

석계 이시명 선생이 두들마을로 들어간 것은 세상과 단절하고, 은둔하기 위해서다. 그의 은둔의 삶은 병자호란이 일어나면서 시작된다. 1636년 병자호란으로 조선의 임금이 삼전도의 치욕을 당하자 이를 국치로 여기고, 명나라와의 절의

1. 석계종택의 사랑채 쪽마루
2 ~3. 석계고택의 전경

를 지키는 의미에서 숭정처사를 자처하며 은둔하기 시작한 것이다. 그의 아버지 운악 이함의 묘소 근처에 초막을 짓고 은거를 하다 영덕 인량리의 모든 재산은 조카에게 물려주고 두들마을로 들어왔다. 석계 이시명 선생은 석계고택을 지은 뒤 초당을 지어 유생과 아들들을 가르쳤다. 정부인 안동 장씨는 영덕에서 그랬던 것처럼 구휼을 위해 도토리나무를 심었다.

석계 이시명 선생의 은둔은 여기서 끝나지 않았다. 1652년 영양군 수비면의 깊은 산중으로 들어가 20년을 살았고, 부인의 간곡한 권유로 안동 대명동으로 나와 그곳에서 눈을 감는다.

4

1인 다역을 묵묵히 해낸 정부인 안동 장씨

석계 이시명 선생은 병자호란을 국치로 여겨 일생을 비분강개하며 은둔을 한 반면, 정부인 안동 장씨는 1인 다역을 충실히 해내고 있었다. 정부인 안동 장씨는 어지러웠던 조선시대를 살면서 한 사람의 아내로, 10자녀의 어머니로, 수많은 백성들과 어려움을 함께 나누며 아픔을 같이 했다.

장계향이 살았던 17세기는 여성들의 삶에 커다란 변화가 있던 시기였다. 임진왜란과 병자호란 등 두 차례의 병화로 백성들의 삶은 피폐해지고, 사회의 기강은 무너질 대로 무너져 있었다. 나라에서는 기강확립이라는 명목으로 유교적 이념을 중시하고, 내외법을 강조했다. 한마디로 여성에게는 내조의 덕목이 우선이 되고, 배움은 뒷전이 되는 세상이었다.

하지만, 정부인 안동 장씨는 시와 서화, 서예에 능했다. 아버지 경당 장흥효가 있었기 때문이다. 경당 장흥효는 퇴계학통을 이은 학봉 김성일의 제자로 사위인 이시명, 외손인 이현일로 이어지는 산림의 가문이었다. 경당 장흥효는 유교

5

6

7

4. 석계종택의 안채 전경
5. 석계 이시명 선생이 후학을 양성했던 석천서당의 전경
6. 석계종고택 담장을 붉게 물들인 담쟁이
7. 정부인 안동 장씨 예절관과 음식디미방 전경

적 명분에 충실히 따르면서도 총명했던 딸을 위해 아낌없이 가르쳤던 것이다. 서예의 대가로 알려진 청풍자 정윤목이 그녀의 초서를 보고 중국의 대가가 쓴 것처럼 대단하다며 찬사를 아끼지 않았다는 일화가 남아 있다. 아버지의 가르침은 출가한 후 더욱 빛을 발했다.

석계 이시명 선생은 상처한 지 3년째였고, 슬하에 2명의 자녀가 있었다. 하지만, 정부인 안동 장씨는 남달랐다. 전처의 자녀를 마치 자신이 낳은 자식처럼 가르치고 키우니 "저 어미 잃은 아이는 어미를 잃은 게 아니라 죽은 어미가 살아온 것이다"라며 칭찬해 마지않았다. 뿐만 아니라 친정어머니가 후사 없이 세상을 뜨자 아버지가 새장가를 들어 후사를 잇게끔 했고, 아버지가 돌아가신 뒤에는 새어머니와 어린 동생들도 성장할 때까지 돌봤다고 한다. 계모가 아닌 어머니가 됐으며, 계모를 모시는 게 아닌 어머니를 모셨던 것이다.

8

9

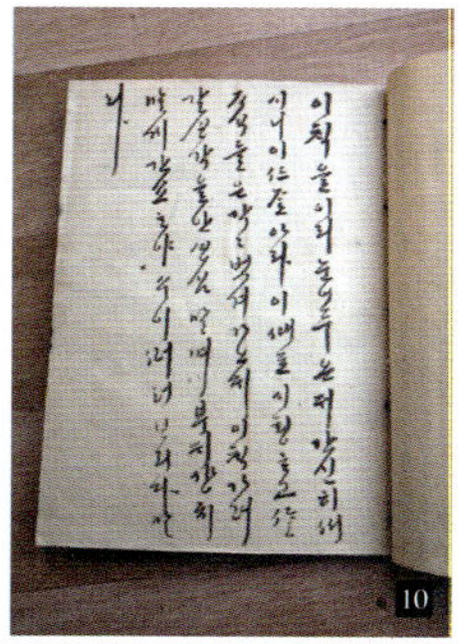
10

정부인 장씨와 음식디미방 세상에 빛을 발하다

"이 책을 이리 눈이 어두운데 간신히 썼으니 이 뜻을 잘 알아 이대로 시행하고, 딸자식들은 이 책을 베껴가되 가져갈 생각을 말며, 부디 상하지 않게 간수하여 쉬 떨어버리지 말라"

정부인 안동 장씨의 필사기를 끝으로 음식디미방은 끝을 맺는다. 음식디미방은 반가음식 조리법과 저장·발효 식품, 식품 보관법 등 146가지를 한글로 올곧게 적어 내려간 책이다. "현존하는 가장 오래된 한글 요리서"는 그렇게 탄생했다.

정부인 안동 장씨와 음식디미방에 대한 새로운 조명이 시작된 것은 1959년 음식디미방이 발견되면서부터다. 국문학자인 김사엽 박사는 영남의 고가를 돌며 고서를 탐방하던 중 존재고택(석계 선생의 둘째 아들집)의 서고에서 음식디미방을 발견해 이듬해 논문을 통해 세상에 알렸다.

논문이 발표된 뒤 조선왕조 궁중음식 기능보유자인 황혜성 선생이 음식디미방

8. 음식디미방 전시관에 있는 정부인 장씨 흉상
9. 석계종택에 내려오는 음식디미방
10. 음식디미방 끝부분의 필사문
11. 석계종택의 사랑채 내부 전경
12. 정부인 안동 장씨 유적비
13. 영양 반딧불이 천문대

을 찾아 내려왔다. 정부인 장씨의 불천위 제사 때였다. 이후 음식디미방은 황혜성 선생의 여러 저서와 논문에 실리면서 더욱 알려지기 시작했다.

석계종택에 머무르고 있는 석계 선생의 13세손인 종손 이돈 선생과 종부 조귀분 여사 역시 정부인 장씨와 음식디미방을 알리기 위해 반평생을 바쳤다. 사업을 하며 조금만 여유가 생기면 정부인 장씨와 음식디미방을 알리는데 아끼지 않았다. 음식디미방에 대한 자료를 자비로 인쇄해 배포하기도 하고, 안동에서는 정부인 장씨를 알리기 위해 휘호대회도 열었다. 한번은 문화체육관광부에서 제정하는 이달의 인물 선정을 위해 '정부인 안동 장씨실기'를 가지고 담당자를 찾아가 여성의 귀감이 되는 분이니 제발 서문이라도 읽어봐달라고 했을 정도로 열정적이었다. 1999년 11월, 정부인 안동 장씨는 여성으로서는 신사임당에 이어 두 번째로 이달의 인물에 선정되었다.

참고 _ 〈종손 이 돈 선생, 음식디미방(dimibang.yyg.go.kr), 장계향(www.janggyehyang.or.kr)〉

석계종택 여행수첩

주소 : 경상북도 영양군 석보면 원리 2리 308
전화 : 054-682-1480

석계종택은 사랑채와 건넌방 등 2개의 방을 이용할 수 있다. 사랑채는 2칸으로 꽤 넓은 편으로 6만원이며, 건넌방은 4만원이다.

찾아가는 길

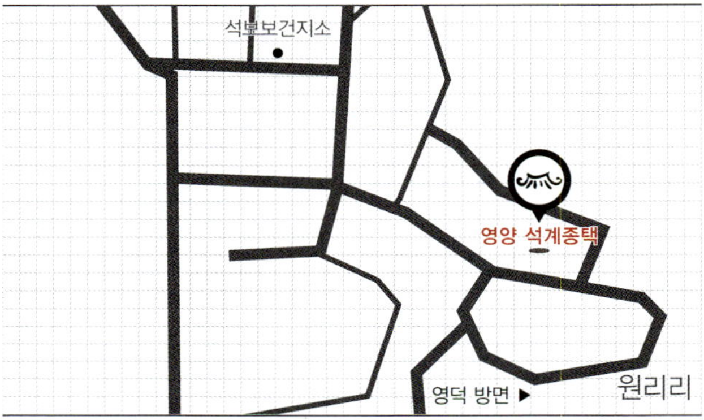

중앙고속도로 서안동IC에서 안동, 영덕 방면 34번 국도를 이용해 청송군 진보면 소재지를 지나 월전삼거리에서 31번 국도로 좌회전. 석보교 건너 석보방면 911번 지방도를 타고, 석보면 소재지에서 두들마을로 들어서면 석계종택을 만날 수 있다.

다른 잠자리

석계종택 인근에 있는 백천댁(010-6530-1111)은 한옥체험이 가능한 곳으로 큰방, 사랑방, 중방 등의 방이 있다. 검마산자연휴양림(054-682-9009)은 피톤치드 가득한 숲이 인상적인 휴양림이다. 대티골(054-682-7903)의 황토구들방 민박집, 수하산촌생태마을(054-683-0312)의 펜션 등은 숲과 계곡 등 자연이 살아 있는 숙소다.

맛있는 집

두들마을에서는 음식디미방을 통한 전통음식 체험프로그램이 있다. 프로그램은 최소 10인 이상의 예약제로 운영되며, 소부상(1인 3만원), 정부인상(1인 5만원)이다. 선바위관광지 내에 위치한 선바위가든(054-682-7429)은 일월산 자락에서 채취한 다양한 산나물로 산채정식을 내는 집이다.

1 선바위관광지

칼날처럼 날카로운 남이포와 선바위의 절경이 일품이다. 관광지 내에는 분재수석야생화전시관, 고추홍보관, 동굴형 민물고기전시관이 있어 한데 둘러볼 수 있다.

2 서석지

서석지는 조선시대 석문 정영방이 조성한 연못이다. 네모진 연못을 따라 경정과 주일재 건물이 서 있고, 주일재 앞에는 사우단으로 불리는 화단이 있다. 늦가을이면 400년 넘은 은행나무의 장관이 매우 아름답다.

3 본신리 금강소나무 생태경영림

금강소나무의 보존과 관리 뿐 아니라 후계림을 조성하고, 숲의 소중함을 전해주는 곳이다. 본신리와 신원리 주변에 조성된 생태경영림에는 6코스의 생태탐방로와 자생식물 탐방로, 숲속체험교실 등 다양한 숲체험이 가능하다. (문의 : 054-683-4455)

4 반딧불이 생태공원

반딧불이 생태학교는 청정지역에서 서식하는 반딧불이의 모든 것을 쉽고 재미있게 배울 수 있는 전시공간으로 전시실과 생태전시, 체험실, 온실로 구성되어 있다.(문의 : 054-683-8685, 홈페이지 : firefly.yyg.go.kr)

영양 병암고택

병암산이 바라다 보이는 곳에 지어진 고택

언덕 위에 올라앉은 두들마을 앞으로는 화매천이 흐르고, 마을 뒤로는 광로산이 마을을 보호하듯 서 있는 전형적인 배산임수의 마을이다. 화매천 건너 바라다 보이는 병암산은 두들마을에 사는 한 사람의 호가 되고, 고택의 이름이 되었다. 병암 선생의 병암고택, 그 길지 않은 역사를 되짚어 본다.

글과 사진 _ 문일식

1

두들마을에서 가장 높은 대청마루를 가진 곳

병암고택에 들어서는 길에는 긴장감이 전혀 느껴지지 않는다. 옷깃을 여미게 하는 대문도 없고, 병암고택을 둘러싸고 있는 흙담도 입구 즈음에서 툭 터져 있다. 대문은 고택이 지어질 당시에도 없었다고 한다. 어쩌면 마당 앞으로 펼쳐지는 자연경관을 그대로 받아들이기 위해서 인지도 모른다는 생각이 든다. 지금은 숲에 가려져 있지만, 언덕 아래로 화매천이 동서로 길게 이어져 흐르고, 병암산 등 올망졸망한 산세가 연이어 펼쳐지기 때문이다.

행랑채도 고택을 인수한 뒤 원래 있던 초가집을 헐고 지은 것으로 그리 오래되지 않았다. 문을 열고 안채로 들어서면 탁 트인 하늘이 인상적이다. 다른 'ㅁ'자

1. 어스름한 저녁 병암고택 위로 달이 떴다.　2. 병암고택 뒤편에 자리잡은 영감댁의 전경

형 집들은 지붕 사이의 공간이 좁은 반면 병암고택의 공간은 제법 넓다. 안마당을 넓게 가져가면서 대청을 최대한 키웠기 때문이다. 병암고택은 두들마을 내에서 가장 높은 대청을 가졌다고 한다. 고택의 기둥이 모두 사모기둥인 반면 대청 가운데 기둥만 원형기둥으로 되어 있는데, 원형기둥이 가운데 있음으로 해서 대청이 더 넓어 보이는 효과도 있다.

병암고택은 대청을 기준으로 좌우로 안방과 뒷방이 있고, 안방 아래로 부엌과 작은 사랑방이 이어지고, 뒷방 아래로는 다락이 딸린 고방과 중방, 사랑채가 이어진다. 병암고택은 안방과 부엌 인근에 배치된 고방과는 달리 안방과 부엌의 반대방향에 고방이 설치되어 있는 게 독특하다. 고방은 다락이 딸렸는데, 대청에서 별도의 문을 통해 오를 수 있게 되어 있다. 이 방은 유상고라 불리는 수장공간인데, 제사 때 쓰는 제상이나 제기 뿐 아니라 집안의 행사 때 쓰던 물건들을 보관하는 곳이다. 유상고 바깥쪽으로는 커다란 광창이 나 있다.

3. 병암고택의 잔자갈 깔린 넓은 마당
4. 병암고택 사랑채 내부
5. 병암고택의 전경

4대가 북적거리며 살던 집, 병암고택

병암고택은 1868년 이수준이란 사람이 지은 것으로만 알려져 있다. 병암고택의 주인인 이병태 선생은 60여 년 전인 1950년대 아버지가 구입한 집이라고 한다. 아버지의 존함은 이우호이고, 호가 병암이다. 병암고택에서 화매천 건너편에 병풍처럼 서 있는 바위산이 병암산인데, 병암산의 지세가 맘에 드셨던 모양이다. 병암을 자신의 호로 삼고, 고택에도 호를 붙였다.

이병태 선생의 부친은 재령 이씨의 선비집안이었지만, 상업에 매우 밝아 일제강점기 때부터 석보에서 정미소를 운영했다. 정미소는 농업을 기반으로 하는 사회에서는 부의 상징이며, 지역경제의 큰 비중을 차지할 정도였다. 당시 정미소는 대체로 큰 마을에 하나 정도 있을까 할 정도로 귀한 존재였다. 석보에 들어선 정미소도 석보와 그 주변에서는 유일무이한 정미소였고, 일제강점기 말기에는 식

5

량 배급장소로 사용되기도 했다. 이병태 선생도 아버지의 뒤를 이어 정미소를 운영했지만, 40여 년 전에 정미소 일을 그만두셨다고 한다.

이병태 선생의 부친은 정미소를 운영하면서 부를 쌓기 시작했고, 병암고택의 주인이 될 수 있었다. 석보면 소재지에 있던 조모를 비롯해 4대의 대가족이 병암고택으로 옮겨갔다. 당시 맏아들이었던 이병태 선생도 결혼해 첫째가 있었고, 미혼이었던 형제들, 그리고, 집안일을 돌봐주는 사람들까지 병암고택은 늘 북적였다고 한다. 3대가 모여 사는 것도 특별한 생활상인 것처럼 바라보는 요즘이고 보면 4대가 모여 사는 고택에서의 삶은 감히 상상이 가지 않는다. 아침이면 분주했을 안마당하며, 오순도순 모여 있는 식사시간이 안마당과 대청 등 곳곳에서 파노라마처럼 스쳐 지나간다.

병암고택은 아궁이가 10개나 된다. 방도 많지만, 구들이 골구들이다 보니 아궁이가 많아졌다. 그래서 겨울이면 나무 해오는 게 일이었다고 한다. 도시락을 싸들고, 소달구지를 끌고 이 산 저 산 하루 종일 나무를 했다. 소달구지에 나무를 한 짐 해와도 하루 이틀 가기 힘들었다고 한다. 추운 겨울 10개의 아궁이에 불이 지펴지고 나면 굴뚝으로 모락모락 연기가 피어오르는 고택의 전경은 생각만 해도 따뜻하다.

6

7

8

할머니의 오래된 재봉틀

병암고택의 대청마루 한구석에는 귀한 물건이 하나 있다. 아주 오래된 재봉틀이다. 그것도 손으로 돌리는 재봉틀이다. 이병태 선생의 조모가 사용하던 것인데, 집에 들여놓은 지 100년 정도 된 것이라며 직접 꺼내 보여주신다. 재봉틀에 새겨진 스핑크스 무늬가 선명하다.

재봉틀은 1851년 미국의 I.M.싱어가 가정용 재봉기를 개발한 이래 우리나라에는 1900년경에 도입된 것으로 알려져 있다. 도입기가 1900년경이라면 도입과 함께 집안에 들여놓은 것이라 해도 과언이 아니다. 재봉틀은 1970년대에 이르러 혼수품 1호였을 정도로 집안에 없어서는 안될 존재였다. 병암고택의 재봉틀은 시대를 훨씬 앞서 사용된 가치 있는 골동품이다. 문득 이병태 선생의 할머니는 요즘으로 따지면 얼리 어답터(early adopter)가 아니었을까? 라는 생각이 스친다.

재봉틀 역시 부의 상징이었다. 면 소재지에 하나 있을까 말까할 정도로 귀하고

6. 병암고택의 창고와 다락방 7. 병암고택의 사랑채 창살 8. 100년이 넘은 할머니의 미싱 9. 병암고택의 안채 전경

값비싼 기계였다. 재봉틀 하나로 많은 일들을 번개처럼 했을 것이다. 떨어진 옷감을 기울 때에도, 애지중지했던 손자에게 정성이 가득 담긴 옷 한 벌 해주었을 것이다. 호롱불 아래서 느릿느릿 바느질을 하는 모습 대신 손으로 재봉틀 손잡이를 돌리며 옷감을 손질하는 분주한 모습이 눈에 선한 듯 이병태 선생은 멈춘 지 오래된 재봉틀을 조용히 쓰다듬었다. 칠순의 할아버지가 된 이병태 선생은 아주 오래 전 조모가 재봉틀을 돌려서 만들어준 남방을 기억하고 있었다.

참고 _ 〈이병태 선생〉

병암고택 여행수첩

주소 : 경상북도 영양군 석보면 원리리 두들마을 311
전화 : 054-682-8050, 011-527-8168

병암고택은 안채와 사랑채, 행랑채 등 4개의 방을 이용할 수 있다. 행랑채는 4만원이며, 사랑채는 6만원이다. 식사는 별도로 제공되지 않는다.

찾아가는 길

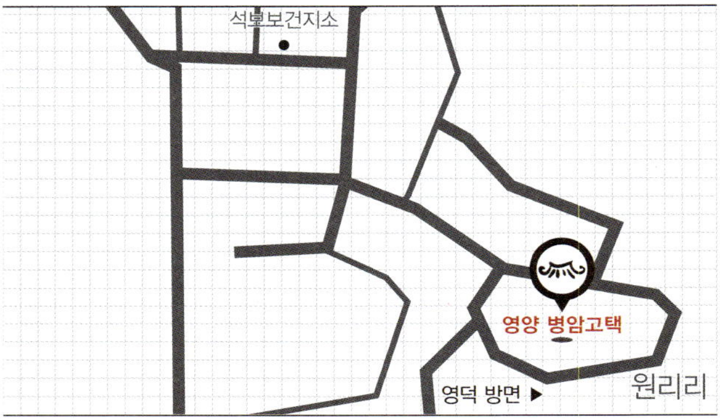

중앙고속도로 서안동IC에서 안동, 영덕 방면 34번 국도를 이용해 청송군 진보면 소재지를 지나 월전삼거리에서 31번 국도로 좌회전. 석보교 건너 석보방면 911번 지방도를 타고, 석보면 소재지에서 두들마을로 들어서면 병암고택을 만날 수 있다.

다른 잠자리

병암고택 뒤로 영감댁(011-527-8168)이라 불리는 고택을 만난다. 영감댁은 정면 5칸, 측면 4칸의 'ㅁ'자형 고택으로 안방, 마루방, 중간방, 사랑방 등 4개의 방을 이용할 수 있다. 영감댁은 병암고택에서 관리하고 있다.

맛있는 집

영양 읍내에 있는 맘포식당은 한우와 돼지를 이용해 주물럭을 내는 곳으로 영양 읍내에서 소문난 곳이다. 콩나물을 넣은 양념된 주물럭을 각종 야채에 올려 먹는다. 본가의 갈비살(054-683-6692)과 고은한정식의 한정식(054-683-5005)도 영양 읍내에서 들러볼만한 곳이다.

여행코스

1 산촌생활박물관 2 주실마을 3 일월산 자생화공원 4 대티골 숲길

1 산촌생활박물관

영양 산촌생활박물관은 산촌의 다양한 생활문화를 엿볼 수 있는 전시공간이다. 상설전시관과 굴피집, 투방집, 너와집 등 산촌의 가옥구조와 생활모습을 볼 수 있는 전통생활체험장 등이 있다.

(문의 : 054-680-6646, museum.yyg.go.kr)

2 주실마을

청록파 시인인 조지훈 선생이 나고 자란 주실마을은 입구에 아름다운 숲이 있고, 조지훈 선생의 생가인 호은종택을 비롯해 월록서당, 옥천종택 등 고택이 남아 있다. 지훈문학관과 시공원도 둘러볼 수 있다.

(문의 : 054-682-7763, 홈페이지 : jihun.yyg.go.kr)

3 일월산 자생화공원

일월산 자생화공원은 일월산과 주변에 자생하는 다양한 야생화를 볼 수 있는 공원이다. 공원 뒤편 산자락에는 일제강점기 때의 수탈 흔적을 따라 산책로가 조성되어 있다.

(문의 : 054-680-6313)

4 대티골 숲길

일월산 자락에 있는 대티골 숲길은 옛국도길(3.5㎞)을 비롯해 옛국도길에서 마을로 이어지는 칠밭길(0.9㎞), 옛마을길(0.8㎞), 댓골길(1.2㎞) 등 총 7.6㎞에 이른다. 특히 마을에서 칠밭목으로 이어지는 옛마을길의 가을 단풍은 곱기로 유명하다.

(문의 : 054-682-7903, 홈페이지 : www.daetigol.com)

이야기가 있는

경북 한옥 여행

영덕 盈德

32

영덕 우계종택

우계 선생의 짧은 삶을 돌이켜보다

인량리의 마을이름은 어질 인(仁), 어질 량(良)을 사용한다. '어질다'는 뜻의 한자가 두 번이나 쓰였다. 인량리는 말 그대로 어질고 인자한 현인들이 많이 배출된 곳이라 하여 붙여졌다. 더구나 길지로 알려진 인량리에는 어느 집안이고 이야기가 없는 곳이 없다. 양반고을의 숨어있는 옛이야기를 찾아 떠나보자.

글과 사진 _ 문일식

1. 우계종택에서 고택체험을 하는 우계정 2. 고택체험을 하는 우계정의 방
3. 우계종택의 사랑채 4. 송천 방죽에서 바라본 인량리전통마을

학이 날아가는 형상의 길지를 품은 인량리 양반마을

인량리는 재령 이씨를 비롯해 8대성 12종가가 있는 양반골이다. 양반들이 모여 사는 마을이다 보니 꼬장꼬장한 양반 체통에 이웃마을 사람들이 고개를 못 들고 지날 정도였다. 현감이나 군수가 부임하면 제일 먼저 들러 인사를 드려야 할 정도로 권세가 높았다. 그러다 보니 일제강점기 때만 하더라도 창수면 소재지가 있었고, 마을 앞으로 신작로를 내려고 했을 때도 양반들이 들고 일어나 결국 송천 건너편으로 멀리 나게 되었다.

인량리는 풍수적으로도 길지로 알려진 곳이다. 영해에서 내륙으로 약 5km 떨어진 인량리는 마을 앞으로는 대진해변으로 빠져나가는 송천이 동서를 가로질러 흐르고, 마을 서쪽으로는 맹동산, 창수령 등 낙동정맥의 기세등등한 산세가 이어진다. 마을 앞을 흐르는 송천 방죽에 오르면 인량리 마을이 한눈에 들어온다.

인량리 마을은 남쪽을 제외한 삼면이 산으로 둘러쳐 있다. 칠보산에서 이어져 내려오는 산자락은 서쪽과 북쪽을 병풍처럼 마을을 감싸고, 동쪽으로 막아선 동산은 바다로부터 불어오는 해풍을 막아주는 바람막이 역할을 톡톡히 하고 있다. 인량리를 휘감고 있는 산자락은 예로부터 학이 날개를 펴고 서쪽으로 날아가는 형상을 하고 있다 하여 비개동(飛盖洞), 익동(翼洞), 나래골이라 불리기도 했다.

인재가 많이 나는 길지다 보니 길지의 맥을 끊었던 명나라 장수 이여송의 이야기도 전해진다. 이여송이 인량리를 지나면서 지세를 살펴보았는데, 붉은 기상이 솟아나니 장차 큰 인물이 많이 날 것이라 하여 산세의 맥을 모두 끊어 놓았다. 다행히 재령 이씨 집안에서 인부를 동원해 맥을 이어 놓았다고 한다.

5. 우계종택의 안채 6.우계종택의 전경

우계 이시형, 젊은 나이에 세상을 등지다

우계종택은 우계 이시형이 분가하면서 지은 살림집이다. 우계종택은 우계 이시형의 호를 따서 붙여졌으며, 재령 이씨 우계파의 종택이다. 원래 재령 이씨의 입향조인 이애가 지었던 집을 운악 이함이 충효당을 세우면서 옛집을 헐어내고, 충효당 아래에 집을 지은 것이 바로 우계종택이다.

우계 이시형은 운악 이함의 둘째 아들로 학문과 문장이 뛰어나고, 아버지를 3년간 병간호를 했을 정도로 효심이 극진했다. 운악 이함이 고령 현감을 제수 받아 내려갈 때 첫째인 청계 이시청, 셋째 이시명을 데리고 갔었는데, 어른이 없는 집안에서 우계 이시형이 집안을 이끌 정도로 영특했다고 한다. 특히 학문과 문장이 뛰어나 영해부에서 일어나는 여러 시비사건을 해결했다. 일종의 민원해결을 자처한 것인데, 특히 뛰어난 문장실력을 바탕으로 시비의 당사자들로부터 감화를 이끌어냈던 것이다.

우계 이시형은 영해부에서 명성있는 집안인 무안 박씨와 인연이 되어 혼인을

했지만 슬하에 자식이 없었다. 얼마 안 있어 우계 이시형은 과거를 보러 올라가는데, 과거길이 그의 마지막 길이 되었다. 천재는 오래 살지 못한다고 했던가? 우계 이시형은 조선 광해군 때인 1612년 과거를 보고 내려오던 길에 외가인 안동 주촌에서 숨을 거두고 말았다.

남편이 객지에서 죽었다는 청천벽력같은 소식을 들은 아내 무안 박씨는 절망감에 휩싸였다. 무안 박씨는 우계 이시형이 죽자 남편을 따라 자결을 하려했지만, 친정의 연로한 노모가 살아계시다 보니 차마 죽을 수도 없었다. 하루하루 실낱같은 희망으로 살아가던 무안 박씨는 친정 노모가 죽자 결국 자결하고 만다. 나라에서는 열녀문을 내렸고, 매년 정월이면 비단과 옷감을 하사했다. 하지만, 그 열녀문은 지금 남아 있지 않다. 조선시대는 후사를 잇기 위해 양자를 들이는 게 보편적이었다. 재령 이씨 우계파는 우계 이시형의 맏형인 청계 이시청의 둘째 아들을 양자로 입적해 대를 이어 지금에 이르고 있다.

7

작은 앞마당이 인상적인 우계종택

우계종택은 대문도 없는 툭 터진 담 너머로 잔디가 깔린 작은 안마당이 인상적이다. 우계종택과 옆으로 초가를 이은 작은 행랑채가 딸려 있고, 담장 너머로 우계 이시형이 학문을 즐겼던 우계정이 있다. 우계종택은 재령 이씨 우계파 13대 종손이신 이혁희 선생 내외가 오순도순 살아가고 있다.

우계종택은 전형적인 'ㅁ'자형 주택으로 아담한 공간을 자랑한다. 우계고택이란 현판을 건 대문 우측으로 두 칸의 사랑채가 이어진다. 사랑채에는 매천당이란 당호가 걸려 있고, 중방과 사랑방이 앞뒤로 이어져 있다. 중방과 사랑방은 미닫이 문으로 분리되어 있는데, 문에는 퇴계 이황 선생 종가에서 탁본을 떠온 4개의 글귀가 문에 차례로 걸려 있다. "무자기(無自欺) 무불경(無不敬) 사무사(思無邪) 신기독(愼其獨)" 즉, "내 자신을 기만하지 말며, 모든 것을 공경하며, 간사한 생각을 품지 말며, 홀로 있을 때 마음을 집중하라"라는 뜻으로 퇴계 이황 선생의 가르침을 담은 말이다. 우계종택의 이혁희 선생은 현대를 살아가는 사람들에게 꼭 필요한 말이라며, 늘 이 글귀를 보고 스스로를 생각한다고 한다.

7. 우계선생이 관리했던 충효당 8. 창포말등대 9. 나라골 보리말 체험학교 10. 영덕풍력발전단지

우계종택의 종부님은 앳된 목소리에 천사처럼 고운 마음씨를 가지고 계신 분이다. 인량리 전통마을의 해설사이기도 한 종부는 손님이 찾아오면 늘 직접 빚고, 만든 먹거리를 내놓는다. 어려운 가운데서도 최선을 다해 손님을 맞이하는 종가집의 전통 그대로다.

고택 뒤편의 장독대는 종부의 보물창고다. 장독대에는 다양한 옹기들이 해바라기를 하고 있고, 수세미며, 동아며, 들깨가 뒷마당과 담벼락을 가득 메우고 있다. 장독에는 10년이나 묵힌 소금과 직접 담근 된장과 고추장이 옹기 안에 가득하다. 안마당 작은 텃밭도 고추, 가지, 토마토 등 직접 길러서 먹는 야채들이 지천이다. 자연이 주는 선물이 가득하다는 종부의 말투에는 늘 감사함이 배어 있다. 그 감사함을 먹고 자라기 때문일까? 마당을 가득 채운 식재료들은 종부의 손끝을 거쳐 정성스런 웰빙음식으로 탄생한다. 전형적인 시골밥상이지만, 밥 한 공기에 훈훈한 배부름이 느껴진다.

참고〈우계종택 13대 종손 이혁희 선생〉

우계종택 여행수첩

주소 : 경상북도 영덕군 창수면 인량리 412-1
전화 : 054-732-7859

우계종택은 우계정에 있는 방 2개를 고택체험 장소로 사용하고 있다. 방은 4인기준 5만원이며, 식사도 가능하다.(1인 7천원) 종부님이 해주시는 식사는 직접 재배한 재료를 사용하며, 조미료를 전혀 가미하지 않은 웰빙음식으로 꼭 한 번 맛보길 권한다.

찾아가는 길

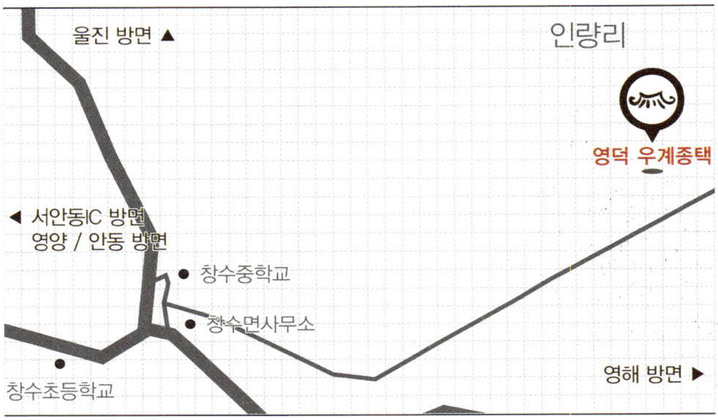

중앙고속도로 서안동IC에서 나와 안동, 영덕 방면 34번 국도를 따라 청송군 진보면 소재지를 지나 월전삼거리에서 31번 국도로 좌회전해 영양 읍내까지 간다. 영양 읍내에서 창수방면 918번 지방도로 우회전해 창수면사무소를 지나 2km 남짓 영해방면으로 가다보면 우계종택에 이른다.

다른 잠자리

인량리의 나라골 보리말 체험학교(054-734-0301)에서는 다양한 시골 체험 뿐 아니라 체험학교 내 폐교를 리모델링해 만든 숙박시설과 황토방을 이용할 수 있다. 영덕풍력발전단지 내에 위치한 해맞이캠핑장(054-730-6337)은 10동의 캡슐하우스와 오토캠핑장의 시설을 갖추고 있다.

맛있는 집

영덕은 울진과 함께 대게의 고장으로 잘 알려져 있다. 대게는 매년 11월부터 이듬해 5월까지 맛볼 수 있는 별미다. 주로 찜으로 먹는데, 얼큰한 탕으로 끓여 내기도 한다. 강구항에는 대게종가(054-733-4147), 김가네대게(054-733-6889) 등 많은 대게요리집이 있다.

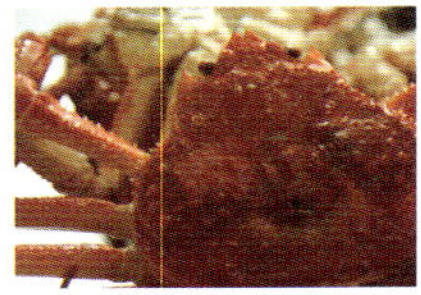

여행코스

1 신돌석장군 생가와 유적지 2 대소산 봉수대 3 축도산 전망대 4 해맞이공원

1 신돌석장군 생가와 유적지

평민출신의 의병장으로 활동한 신돌석 장군의 유적으로 신돌석 장군의 생가와 사당인 충의사와 기념관이 있는 신돌석 장군 유적지가 있다.

2 대소산 봉수대

대소산 봉수대는 해발 282m의 대소산 정상에 있는 봉수대로 산 정상부에 돌을 쌓고, 그 위에 원형의 봉돈을 쌓아 만들었다. 봉수대에 오르면 서쪽으로는 우람한 산세가 겹겹이 이어지고, 산 아래로는 축산항의 전경이 한눈에 펼쳐진다.

3 죽도산 전망대

축산항 입구에 우뚝 솟은 죽도는 대나무가 많아 붙여진 이름이다. 해발 80m의 죽도 정상에는 전망대가 설치되어 있어 축산항 뿐 아니라 동해의 푸른 바다의 장관을 만끽할 수 있다.

4 해맞이공원

다양한 야생화와 수목이 어우러진 공원이 조성되어 있고, 나무계단으로 만든 2.1km의 산책로와 전망대, 대게 집게발을 형상화한 창포말 등대가 서 있다. 뒤편 산자락에는 영덕 풍력발전단지가 자리잡고 있다.

이야기가 있는 경북 한옥 예향

청도 淸道

청도 선암서원

주택과 서원이 어우러진 이색 공간

선암서원(경상북도 유형문화재 제79호)은 삼족당 김대유와 소요당 박하담의 위패를 배향하기 위해 건립된 서원이다. 원래는 매전면 동산동 운수정에 있던 것을 선조 2년(1577)에 군수 황응규가 지금의 자리로 옮겨 선암서원이라 개칭했다. 황응규는 청백리로 유명한 황희정승의 손자. 1868년 서원철폐령에 의해 훼철된 선암서원은 고종 15년(1878)에 소요당 박하담의 후손들에 의해 중건돼 지금에 이르고 있다.

글과 사진 _ 정철훈

1

2

3

4

5

살림집과 강학공간이 어우러진 구조

선암서원은 여느 서원과는 그 구조에서 조금 차이를 보인다. 일반 서원이 강학공간과 배향공간을 기본으로 하는 것과 달리 선암서원은 살림공간에 강학공간이 더해진 행태를 하고 있기 때문이다. 배향공간이 남아있지 않으니 사당의 모습도 찾아볼 수 없다. 사당뿐만 아니라 유생들이 기거했던 동재와 서재의 모습도 보이지 않는다.

선암서원의 살림공간은 'ㅁ'자형의 전형적인 주택구조를 취하고 있다. 대문을 들어서면 좌측으로 안채가 그리고 우측으로 사랑채가 위치해 있다. 안채와 사랑채 사이에는 헛담이라 부르는 흙담이 놓여있다. 대문과 마주한 건물은 행랑채. 행랑채는 강학공간인 소요당과 살림집을 잇는 중문을 기준으로 양쪽의 구조가 조금 다르다. 좌측은 대청 1칸과 방 1칸 그리고 곳간으로, 우측은 대청 1칸에 방

1. 선암서원
2. 선암서원 사랑채 득월정 대청
3. 선암서원 소용당 대청
4. 선암서원 안채 대청
5. 선암서원 사랑채 득월정 내부
6. 선암서원 소요당
7. 선암서원 사랑채 득월정 대청

2칸으로 이뤄져 있다. 특이한 것은 좌측 행랑채는 대청이 살림집 방향으로 열려 있는 반면 우측 행랑채는 대청과 툇마루 모두 소요당 쪽으로 들고날 수 있도록 설계가 이뤄졌다는 점이다. 마치 일반 서원의 기숙공간이 강학당을 바라고 있는 것과 비슷한 모양새다.

선암서원은 앞서도 얘기했지만 유생들이 기거할 동재나 서재가 마련돼 있지 않다. 그래서 행랑채의 일부가 그 역할을 대신했을 것으로 추정하는데, 이와 같은 구조가 이를 뒷받침하는 좋은 예다. 일부에서는 사랑채인 득월정도 기숙사로 사용한 공간일 것이라고 추측하는데, 사랑채와 안채 사이에 놓인 흙담의 위치가 사랑채 쪽으로 많이 치우쳐 있고, 대청과 2칸 방으로 이뤄진 구조가 우측 행랑채와 많이 닮아있다는 이유에서다. 실제로 사랑채를 소요당 쪽으로 돌려 세우면 그 모습이 우측 행랑채와 무척이나 흡사하다. 서원 배치가 완성되지 않은 초기 서원의 경우 간혹 자유로운 공간배치를 보이는 경우가 있다는 점을 감안하면 나름대로 설득력이 있어 보인다.

8

9

10

우리나라 서원 중 가장 아름다운 천장을 간직한 곳

중문을 통해 강학공간으로 들어서면 수령 100년이 넘은 두 그루의 배롱나무를 마주하고 있는 소요당이 모습을 드러낸다. 정면 5칸 측면 2칸의 소요당 정면에는 선암서당, 그리고 후면에는 소요당이라 쓴 현판이 걸려있다. 선암서당이라 한 것은 서원철폐 후 중건하는 과정에서 고쳐 단 것이라 한다. 선암서원은 훼철 후 10년 만에 밀양 박씨 후손들에 의해 중건되었기에, 그래도 당시의 모습이 잘 보존되어 있는 서원 중 하나로 꼽힌다.

소요당의 첫인상을 한마디로 표현하자면 단아함보다는 화려함에 가깝다. 특히 다포식으로 짜 올린 연꽃문양의 천장 구조는 그 화려함의 백미라 할만하다. 공포나 천장을 다포식으로 꾸미는 것은 사찰에서 많이 사용하는 건축기법으로 완주 화엄사의 각황전과 경주 불국사의 대웅전이 이같은 방식으로 공포를 꾸민 대표적 사찰이다. 그러고 보니 소요당의 겉모습에서 언뜻언뜻 사찰의 분위기가 느껴지기도 한다. 사실 선암서원은 오래 전 선암사가 있던 자리에 세워졌다고 한다. 때문인지 선암서원 소요당 천장은 사찰의 그것처럼 무척이나 아름

8. 선암서원 소요당
9 ~ 11. 선암서원
12. 선암서원 행랑채 대청
13. 배롱나무에 핀 백일홍

답다. 서원은 일반적으로 배향하는 인물의 연고지에 들어서지만 선암서원처럼 퇴락한 절이나 이미 헐린 절터에 들어서는 경우도 흔히 있는 일이었는데, 절터에 서원을 세우는 이유는 절터는 명당이라는 인식과 함께 절터에 남아있는 석재와 목재 등 다양한 건축자재를 쉽게 활용할 수 있었기 때문이라 한다. 우리나라 최초의 사액서원인 소수서원도 통일신라시대 사찰인 숙수사가 있던 자리에 세워진 경우다.

소요당 뒤편에는 배자예부운략판목(보물 제 917호)과 해동속소학판목(경북 유형문화재 제208호), 14의사록판목(경북문화재자료 제108호) 등을 보관했던 장판각이 자리해 있다. 장판각의 유물들은 현재 보관상의 이유로 안동 한국국학진흥원에 기탁 보관 중이다.

참고 _ 〈청도군 문화해설사 박윤제, 선암서원 관장 박향숙〉

선암서원 여행수첩

주소 : 경상북도 청도군 금천면 신지리 335
전화 : 070-4150-8445, 010-5345-8445 홈페이지 : www.sunam.co.kr

선암서원의 관리는 박향숙 관장이 맡고 있다. 박 관장은 밀양 박씨 문중 사람으로 선암서원에서 고택체험이 진행된 지난 1년 동안 선암서원에 머물며 살림을 챙기고 있다. 선암서원에서 숙박이 가능한 공간은 안채, 사랑채, 행랑채 등이다. 각각의 방은 대청을 함께 사용할 수 있다. 숙박비용은 안채 8만원, 사랑채 15만원, 행랑채 각각 10만원, 5만원이다. 화장실과 세면시설은 서원 밖 공동시설을 이용해야 하며, 취사는 불가능하다. 대신 식사를 원할 경우 1인당 1만원의 비용을 추가하면 유기농으로 재배한 재료로 차려내는 정갈한 식사를 제공 받을 수 있다. 선암서원에서는 숙박 외에도 다도, 다식, 천연염색, 한지공예 등 다양한 체험프로그램을 진행한다. 유료로 진행되는 이들 프로그램은 최소 5인 이상의 인원에서만 가능하며 사전 예약은 필수다.

찾아가는 길

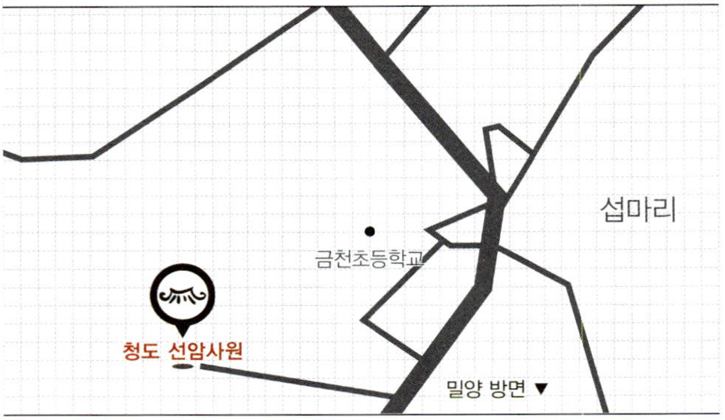

新대구부산고속도로 청도IC에서 밀양 · 청도 방향으로 25번 국도를 따라 20km 정도를 진행하면, 동곡사거리가 나온다. 이곳에서 우회전하면 금천면사무소가 나오고 금천면사무소를 지나 금천사거리에서 다시 우회전 하면 도로변에 선암서원을 알리는 이정표가 나온다.

다른 잠자리

온천과 숙박을 동시에 해결할 수 있는 용암웰빙스파(054-371-5500)와 운문사 인근에 위치한 운문산자연휴양림(054-371-1323)이 추천할만하다. 이외에 운문면 일대에 후레쉬모텔(054-371-0700), 산수장여관(054-373-4335), 청운장여관(054-371-9700), 화양읍 일대에 비바모텔(054-371-5666), 스위스산장(054-373-3114) 등이 있다.

맛있는 집

청도역 인근에는 추어탕 골목이 형성돼 있다. 그중에서도 의성식당(054-371-2349)은 47년째 추어탕 하나만을 메뉴로 내는 원조식당이다. 미꾸라지와 민물잡어를 섞어 끓여내는 추어탕은 깔끔한 맛이 일품이다. 운문사 인근에서는 울산아지매집(산채비빔밥, 054-373-0568), 하얀집(산채비빔밥, 054-372-5599), 삼보식당(산채비빔밥, 054-372-8835) 등이 맛있다.

여행코스

1 신지리 고택촌　2 삼족대　3 동산리 처진 소나무　4 운문사

1 신지리 고택촌

청도군 금천면 신지리에 위치. 도로 하나를 사이에 두고 있는 신지리와 신지1리에는 운강 박시묵의 둘째 아들인 박재소(1840~1873)가 지은 섬암고택과 소요당 박하담(1479~1560)이 벼슬을 사양하고 은거하며 후학을 양성했던 서당 터에 건립한 만호정과 운강고택 등 여러 고택이 남아있다.

2 삼족대

청도군 매전면 금곡리 901에 위치. 정면 3칸, 측면 2칸인 이 정자는 조선 중종 14년(1519)에 삼족당 김대유(1479~1552)가 후진 교육을 위해 건립한 것으로 그의 호를 따라 삼족대라 불린다. 김대유는 정암 조광조의 문인으로 중종 2년 정시에 장원급제한 이후 정언, 철원 현감 등을 지낸 인물이다.

3 동산리 처진 소나무

청도군 매전면 동산리 151-6에 위치. 이 나무는 나무의 가지가 수양버들처럼 처졌다고 해 유송이라 부르기도 한다. 나무의 형태가 이러한 것은 주변의 나무에 의해 가지가 눌려 그리된 것이라 하는데 확실치는 않다. 옛날 어느 정승이 이 나무 앞을 지날 때 나무가 갑자기 큰절을 하듯 밑으로 처진 뒤 다시 일어서지 않았다는 재미난 일화도 전한다.

4 운문사

호거산 자락에 위치한 운문사는 신라 진흥왕 21년(560)에 창건한 사찰로 일연선사가 5년 동안 주지로 머물면서 삼국유사 집필을 시작한 곳으로도 유명하다. 경내에는 7점의 국가지정보물과 천연기념물 제180호인 처진 소나무가 있다.

이야기가 있는

경북 한옥 예향

고령 高靈

고령 화산재·추우재

점필재 김종직 선생의 흔적이 서린 곳

조선 역사상 선비들이 참화를 입은 사화(士禍)는 네 번 있었다. 기묘사화, 무오사화, 갑자사화, 을사사화 중 연산군 때의 무오사화에 부관참시까지 당한 김종직 집안이 화를 피해 숨어든 곳이 경북 고령 땅이다. 꽃이 피고 나비가 춤추는 가곡 땅에서 마음을 달래고 선비의 곧은 마음을 되새기며 대나무를 심었다. 고즈넉한 돌담과 새벽 대숲을 거닐며 조선 선비의 마음가짐을 되새겨보자.

글과 사진 _ 이동미

꽃이 피고 골짜기가 아름다운 마을

경북 고령에는 아름다운 마을이 있다. 봄이면 현기증이 날 정도로 꽃이 만발하고 가을이면 황금빛 들녘이 탐스런 개실마을은 무오사화 때 화를 입은 점필재(佔畢齋) 김종직(金宗直, 1431~1492)의 후손들이 은거하면서 이루어진 선산 김씨(善山金氏) 집성촌이다. 김종직이 무오사화를 당한 건 '조의제문(弔義帝文)' 때문이다. 세조가 단종을 죽이고 왕위를 찬탈한 것을 항우가 초나라 회왕(의제)을 죽인 것에 빗대어 쓴 글로 많은 사람이 죽임을 당하고 김종직은 부관참시(剖棺斬屍-무덤을 파헤쳐 목을 베는 형벌)를 당했다.

1. 점필재 종택 가는 길 2. 개실마을 5대 효자 이야기가 적힌 비 3. 화산재 마루에서 보이는 접무봉
4. 대문에서 본 추우재 5. 화산재에서 묵는 방 6. 대문에서 본 추우재

무오사화로 몰락한 김종직의 후손들은 경남 밀양, 합천 등을 지나며 임진왜란을 겪고 1651년(효종2년) 김종직의 5대손 남계공 김수휘(金受徽)가 이곳 '가곡'에 정착했다. 꽃이 피고 골이 아름다워 아름다울 가(佳), 골짜기 곡(谷)을 써서 가곡이라 했고, 또 꽃이 피는 아름다운 곳이라 하여 개화실(開花室)이라고도 하였는데, 음이 변하여 개애실이 되고 현재 '개실'이라 불린다.

7

8

9

나비가 춤추는 접무봉을 바라보는 화산재

개실마을에 들어서면 정겨운 돌담길과 한옥이 만들어 낸 선들이 참으로 아름답다. 마을의 중심에는 이 마을의 역사답게 점필재 종택(경상북도민속자료 제62호)이 있다. 마을의 또 다른 이정표가 되는 도연재(道淵齋, 문화재자료 제111호)는 점필재 선생의 덕을 기리기 위하여 지방 유림들이 세운 강학 건물로 점필재의 15세손인 김창현 대에 건립되었으며 상량문에는 1896년으로 기록되어 있다.

이 중 돈경문이라 쓰인 대문을 들어서면 넓은 마당이 펼쳐지고 화산재(花山齋)가 멋스럽다. 화산재 마루에 앉으니 탁 트인 전망이 절경이다. 정면으로는 봉긋한 접무봉(蝶舞峰)이 보인다. 나비가 춤추는 형상이다. 뒷산은 꽃이 활짝 핀 화개산(花蓋山)이니 이곳은 과연 나비가 춤추고 꽃이 피는 천하의 명당이다.

7. 화산재의 전경
8. 개실마을 입구의 마당
9. 개실마을 전경(자료제공 개실마을)
10. 추우재 전경
11. 추우재의 방 안

화산재는 막돌로 쌓은 기단 위에 정면 6칸 측면 2칸으로 제법 규모 있는 건물이다. 궁궐이나 대갓집에서나 사용하던 둥근 기둥을 사용한 것만 보아도 이 건물의 위세가 당당했음을 짐작할 수 있다. 왼편 2칸이 대청마루이고 그 옆으로 큰방 2개가 나란하다.

화산재에서는 하룻밤 묵으며 마을 훈장으로부터 전통예절문화를 배우고 한과, 엿, 두부, 칼국수 등 전통음식 체험을 할 수 있다. 오른쪽 별채는 전통혼례체험장으로 사용된다.

12

마을 뒷산의 고즈넉한 재실 추우재

화산재에서 개실마을 뒷산을 더 오르면 가장 위쪽에 추우재(追友齋)가 있다. 팔작지붕을 이고 있는 아담한 건물은 왼쪽 한 칸을 대청마루로 들이고 오른쪽 두 칸을 터서 큰 방으로 사용한다. 마루에 앉으면 담장너머로 마을의 오른편이 훤히 내려다보이고 그리 크지 않은 마당 좌우로 배롱나무가 있다. 마주보고 부복하듯 서있는 배롱나무는 이 집의 연륜을 이야기하듯 위엄을 갖추고 있는데 이 건물은 고종 3년(1866)에 지은 것으로 기록되어 있다.

아직도 개실마을은 80% 정도가 전통 한옥의 모습이다. 김종직의 5대손 김수휘가 이주·정착하면서 신축하였다 했으니 1650년부터 건물이 지어지기 시작했다는 말이다. 수려한 자연 경관과 넓은 들, 기와선이 어울리는 옛집에서 양반 마을의 정취가 물씬 풍긴다.

겉모습뿐만이 아니다. 김종직의 17대손 김병만 씨에 의하면 60여 가구 160여 명 정도가 거주하고 있는데 아직도 묵은세배를 하고 1년에 15번이나 되는 제사나

12. 개실마을 점필재 종택의 모습
13. 개실마을 대표이사이자 17대손인 김병만 선생
14. 골목을 걸어가는 개실마을의 어르신들
15. 화산재 전경

차례를 조선시대 양식으로 지내며, 단옷날 창포물에 머리 감고 설날 그네를 뛰는 등 세시 풍속이 이어져 오고 있다 한다. 마을 사람들이 대부분 20촌 이내의 일가로 명절 때 종택에 모여 합동 차례를 지내고 촌수에 따른 규율 또한 엄격하다.

마을 뒤편으로는 대나무 숲이 울창하다. 무오사화를 피해 이주한 후손들이 심어놓은 것으로 사각사각 대숲에 이는 바람 소리 속에서 꼿꼿한 선비정신과 350여 년을 이어온 마을의 지존(至尊)을 느낄 수 있다.

참고 _ 『고령군지』(고령군지편찬위원회, 1996), 『고령 지역 설화 자료집』(고령군, 2006), 『옛날 옛적 고령에서』(고령군, 2006), 박찬익, 『새로 발굴한 한국구비문학』 – 경북 고령군(박이정, 2006), 김종직 17대손 김병만 선생, 개실마을 홈페이지〈www.gaesil.net〉

개실마을 화산재·추우재 여행수첩

주소 : 경상북도 고령군 쌍림면 합가리 개실마을

전화 : 054-956-402 홈페이지 : www.gaesil.net

개실마을에는 고택스테이를 할 수 있는 집이 많이 있다. 이 중 화산재와 추우재는 모졸재와 더불어 지평 김시사(持平 金是泗)로부터 다섯 대에 이어지는 효행을 추모하여 후손들이 건립한 재실이다. 지금도 집안에 큰 일이 있거나 시제를 지낼 때 모여 회의하고 제수를 장만한다. 화산재는 묵을 수 있는 방이 2개로 각 5만원이며 추우재는 별채처럼 방과 마루가 있는 건물을 통째로 사용할 수 있는데 이 또한 5만원이다. 화산재는 마을 중심에 위치하고 추우재는 마을과 떨어져 있어 하룻밤 묵는 느낌이 다르다. 모두 개실마을 관리사무소(문의 : 054-956-0422)를 통해 예약할 수 있다. 농촌체험 마을인 개실마을에서는 고택 스테이 외에도 새콤달콤 쌍림 딸기 따기와 널뛰기, 그네타기, 윷놀이 등 다양한 체험 프로그램이 운영되고 있다.

찾아가는 길

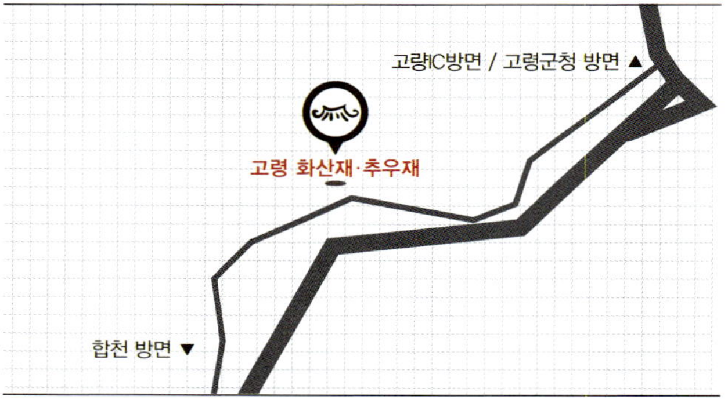

88올림픽고속도로 고령IC에서 고령읍 방향으로 좌회전. 안림 삼거리에서 합천 해인사 방면으로 좌회전해 대가야로를 3.6km 정도 달려 개실마을 방면으로 우회전하면 대가야로다. 이곳에서 1.1km 직진 후 우회전하면 개실마을에 도착한다.

다른 잠자리

개실마을 안의 다른 숙소로는 신안댁, 맥산댁(둥근 기둥집), 현감댁(옛날 현감 벼슬한 집) 석정댁(테크있는 집), 하동댁 등이 있으며 개실마을 관리사무소(054-956-4022)를 통해 예약할 수 있다. 그 외 대가야역사테마관광지(http://www.daegayapark.net)도 추천할 만하다.

맛있는 집

쌍림리의 쌍림중학교 옆에 자리한 대원식당(054-955-1500)은 30년 전통의 인삼도토리 수제비가 독특하다. 돼지국밥이 맛있는 풍원식당(054-954-2638)도 추천 할 만하다.

여행코스

1 지산동고분군　2 대가야왕릉박물관　3 우륵박물관
4 대가야 역사 테마관광지　5 고령 양전동 암각화

1 지산동고분군

고령읍을 병풍처럼 감싸는 산 위에 대가야시대의 주산성이 있고 그 산성에서 남쪽으로 뻗은 능선위에 대가야 왕들의 무덤이 있다. 200여 기의 무덤이 분포한 대가야 최대의 고분군이다.

2 대가야왕릉박물관

국내에서 최초로 확인된 대규모 순장무덤인 지산동고분군 제44호분의 내부를 원래의 모습대로 재현한 전시관이다.

3 우륵박물관

우륵과 가야금의 세계를 쉽게 이해할 수 있도록 건립한 테마박물관으로 다양한 관련 자료를 발굴 · 수집 · 보존 · 전시해 놓았다.

4 대가야 역사 테마관광지

가야 문화를 느끼고 체험할 수 있게 조성된 테마관광지다. 고대문화(토기, 철기, 가야금)와 첨단문화(4D 영상관), 수(水)환경으로 구성되어 있다.

5 고령 양전동 암각화

산비탈 바위에 겹둥근무늬(동심원)와 십자무늬, 탈모양(가면형) 등이 조각되어 있다. 당시 주민들의 농경의식이나 제사 때 사용했던 장소로 추정되며, 우리나라 선사문화 연구의 귀중한 자료다.

이야기가 있는

경북 한옥 예향

성주星州

성주 사우당종택

종부가 지키는 차향 가득한 의성 김씨 종택

30여 년의 세월동안 '온고이지신'으로 마음을 다듬고 차향으로 집 안팎을 정(淨)히 하며 전통과 종가를 지켜온 종택과 종부가 있다. 신라 왕손의 후예이자 태조 왕건의 후손으로 전통과 가문을 지키면서도 현대 사회와의 가교역할을 충실히 하고 있는 의성 김씨 종택 '사우당'을 찾아보자. 종부의 맑은 미소가 자애롭다.

글과 사진 _ 이동미

1

신라 왕족의 핏줄이자 조선 개국공신의 후손들

조선 초기 왕실에서는 국왕과 왕자들의 태(胎)를 항아리에 담아 전국 명당에 안치했다. 관상감이 주관해 길지로 선정된 곳에 묻었는데 별의 고장 성주에 세종대왕자태실이 있다. 전국 최대 규모의 태실지로 성주를 '태실의 고을'이라 부르니 풍수지리학으로 볼 때 성주 땅은 천(天)·지(地)·인(人)이 한 곳에 있다는 뜻이다.

그곳 성주 땅 윤동마을에 사우당(四友堂) 종택이 위치한다. 서쪽 가야산계곡에서 발원한 물이 마을 앞으로 대가천를 끼고 부드럽게 꺾어들면 윤동마을 입구다. 윤동(倫洞)이라 새겨진 돌 이정표와 돌장승 사이로 차 한 대 지날 수 있는 윤동교가 보인다. 저만치 차가 보이면 기다리고 있다가 지나갈 수 있도록 배려하게 만드는 다리니 수륜면 수륜리 윤동마을 윤동교 등 윤리 윤(倫)자를 중히

1. 건축미가 아름다운 사우당 2. 사우당의 안채 3. 한옥의 깊은 맛을 느낄 수 있는 사우당

여기는 마을의 통과의례가 아닐까 싶다. 윤동마을은 한눈에 보아도 그 위치가 좋아 보인다. 임진왜란 때 조선을 도우러 왔던 명장 이여송을 따라온 중국의 유명한 풍수가 두사충은 성주와 칠곡 일대를 살핀 뒤 '성주 5명기(名基)'를 지목했다. 성주에 있는 명당 다섯 곳을 말함인데 그 중 한 곳이 이 곳 윤동마을이다.

윤동마을 안쪽에 자리한 사우당은 조선중기 인물인 사우당(四友堂) 김관석(金關石, 1505~1542)의 후손들이 조상을 받들며 사는 곳이다. 김관석은 의성 김씨(義城金氏)로 그 뿌리는 신라 56대 경순왕의 넷째아들 김석(金錫)으로 거슬러 올라간다. 신라 왕족인 김석은 고려 태조왕건의 외손으로 의성군(義城君)에 봉해져 후손들이 의성을 관향으로 삼았다. 이곳 성주에 자리하게 된 것은 문절공 김용초(文節公 金用超, 고려 충목왕~1406)선생과 관계가 있다. 의성군 김석의

13세손인 김용초 선생은 고려 공민왕 때 홍건적을 무찔렀으며, 이성계와 더불어 왜구도 물리쳤다. 그 후 조선 개국원종공신이 되었으며, 호남병마절제사, 가선대부를 지냈다. 그가 벼슬에서 물러나 성주군 대가면 안터(內基)마을로 입향해 그 후손들이 수륜면 윤동과 대가면 등에서 집성촌을 이루며 살게 된 것이다.

현재 사우당에는 문절공 김용초 선생의 21대 종손 김기대 씨와 종부 류정숙 씨가 종택을 지키고 있다.

4. 사우당 전경
5. 사우당의 차 실
6. 입구에서 본 사우당
7. 다례를 가르치는 사우당 교육관
8. 사우당의 아담한 장독대
9. 사우당의 고서유물관 모습

10

땅굴을 파고 숨기며 지켜낸 종가의 문화유산

단아한 한복차림의 종부 류정숙 씨를 따라 들어가니 육백년 전통이 느껴지는 고택의 문간채와 고서유물관, 사랑채, 본채가 차례로 나타난다. 가장 안쪽에 우아한 모습의 사우당이 있다. 사우당(四友堂)은 원래 김관석 선생의 추모 재실이다. 나뭇결이 고운 사우당 마루에 앉으면 시원한 풍광이 펼쳐지고 마당 왼쪽으로 옛 모습 그대로의 영천녹죽(靈泉綠竹)이 있다. 400년 역사를 자랑하는 종가의 우물이다.

사우당 뒤쪽으로는 대나무 숲이 있다. 대나무 숲으로 가는 길에 동굴이 하나 있는데 한국전쟁이 발발하자 선친이었던 김관희 씨가 재실족보, 문집, 간찰 등을 지키기 위해 한 달간 판 피난굴이다. 가족들은 가야산 밑으로 피난을 보내고 종손과 종부 두 사람이 땅굴 속에서 생활하며 600년 종가의 문화유산을 지켜냈다. 당시에는 대나무 숲이 우거져 아무도 동굴을 예상치 못했다 한다. 사우당이 품고 있는 종가와 종손, 종부의 길을 단적으로 보여주는 일화다.

10. 사우당 뒤켠의 피난굴
11. 사우당 뒤쪽의 대나무 숲
12. 세월을 담고 있는 사우당 지붕의 기와
13. 윤동마을 입구의 돌 이정표
14. 6. 25 피난굴에 대한 설명안내판
15. 사우당의 고서유물관 모습
16. 사우당 마루에서 보이는 안채와 파란 하늘

17

19

18

20

21

세상과 소통하며 예와 전통을 전하는 종부

여름이라 시원한 마루가 좋으면서도 종부가 권하는 따스한 차 한 잔의 온기에 마음이 편안해진다. 안동 하회마을에서 태어나 성균관 유학대학원을 수료한 종부는 이곳 의성 김씨 집안으로 시집와 30년간 종부의 길을 가고 있다. 손님이 방문해서가 아니라 늘 한복을 입고 계신 종부에게서 깔끔하고 빈틈없는 품위와 품성이 느껴진다. 그렇다고 옛것만을 고집하지는 않는다. '예절다도교육회', '고택문화보존회' 등을 통해 우리의 예(禮)와 고택의 소중함을 알리고 있다. 또한 '온고이지신'(溫故而知新, 옛것은 지키고 새로운 것을 받아들임)을 몸소 실천하고 있으니 성년례 행사 또한 그 일환이다. 친정인 하회마을과 사우당, 포항 덕실마을에서 성년을 맞는 학생들에게 제대로 된 성년례를 올려주었다. 사우당 초입에 있는 예절관과 교육관에서 다례를 비롯한 다양한 교육체험을 하는 것도 같은 맥락이다.

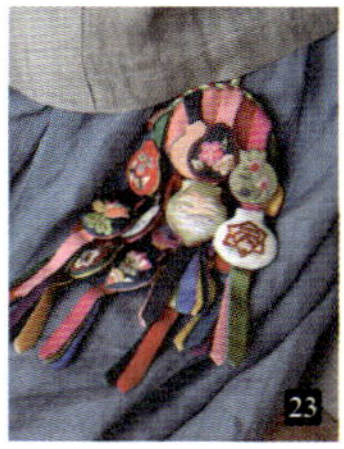

17. 종가의 우물인 영천녹죽
18. 맛있는 다식과 곶감말이
19 ~ 20. 대숲과 함께하는 사우당에서의 차 한 잔
21. 사우당 종부 류정숙 여사
22. 사우당 현판
23. 종부의 한복 노리개
24. 전통혼례복을 입어보고 설명을 들을 수 있다.
25. 사우당 곳곳에 전시된 옛 물건들
26. 사우당 종부가 진행했던 성년례 장면
27. 고즈넉한 오후의 사우당

그녀에게 남편이자 이 집의 종손인 김기대 씨가 지어준 시가 하나 있다. '꽃다운 스무 살에 종부가 되어/ 육백년 내려온 종가집 예법에 따라/ 조상님께 누가될까 이 가문에 폐가 될까/ 숙명처럼 살아온 종부의 길... 후략...' 이 글에 종부의 삶이 그대로 녹아있으니 사우당에서 종가와 종부의 참모습을 다시 한 번 돌아본다.

참고 _ 『고령군지』(고령군지편찬위원회, 1996), 〈종부로 살아가다〉(경상북도, 경북미래문화재단), 〈명문 종가 사람들〉(2005, 랜덤하우스), 사우당 류종숙 여사, 의성 김씨 종친회 청류회 블로그 http://kim25.net/kim/page_home, 성주 윤동마을 홈페이지 http://yundong.kr

사우당 고택 여행수첩

주소 : 경상북도 성주군 수륜면 수륜리 863
전화 : 054-932-3636

재실이었던 사우당 건물은 통째로 빌려 쓸 수도 있는데 큰방과 작은방, 넓은 누마루 정자형 다실 등으로 구성된 독립된 별채의 형태다. 가격은 20만원으로 대가족과 단체모임에 제격이다. 본채에는 작은방이 2개 있으며 가격은 5만원, 다실이 있는 큰방은 10만원이다. 그 외 단체는 예절관이나 교육관 등에서 묵을 수가 있는데 이는 교육 프로그램과 연계되어 있으므로 의논이 필요하다. 다도체험, 예절체험, 궁중의상 체험, 다식 밟기, 김장 담그기, 전통 악기 체험 등 다양하다. 예약은 전화로 하면 된다.

찾아가는 길

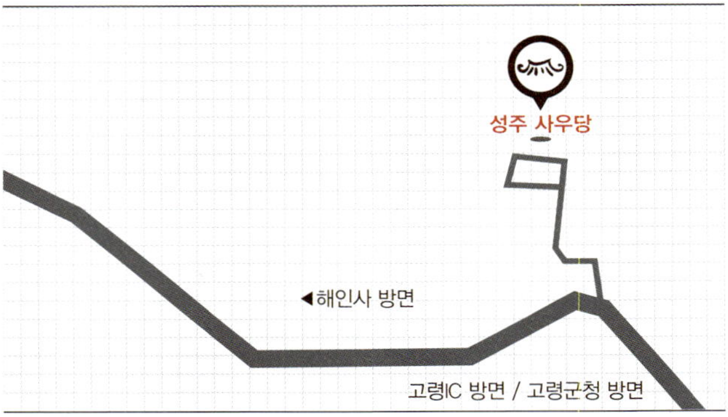

중부내륙고속도로 성주IC에서 고령 방면으로 우측방향. 33번 국도로 2km 정도 지나 송계리 방면으로 좌회전하면 동강한강로다. 8.7km 정도 달리다 양정 삼거리에서 고령 방면으로 좌회전하면 가야로, 가야로를 5km 달리다 좌회전해 윤동교를 건너면 수윤길 500m 지점이 사우당 종택이다.

다른 잠자리

수륜면 신파리에 위치한 아소재(054-931-7971)는 연못과 고즈넉한 분위기의 한옥이 어우러지는 아늑한 고택이며, 금수면 영천리에 자리한 무흘산장(054-932-2164)은 무흘계곡의 빼어난 경관을 즐길 수 있는 숙소다.

맛있는 집

성주의 맛집으로 성산리 원무술한우촌(054-933- 1611)과 장터분오국수(054-931-3296), 청국장으로 소문난 왜관식당(054-932-9554) 등이 있다. 가천면 법전리 가야산 자락 아래의 산마루식당(054-932-5777)은 버섯전골이 유명하다.

여행코스

1 참외생태학습원　2 성밖숲　3 세종대왕자태실　4 한개마을

1 참외생태학습원

성주읍 대흥리 성주농업기술센터 옆에 자리한 참외생태학습원은 홍보관과 유리온실, 하우스 체험시설 등을 갖추고 있다. 참외의 기원과 역사, 참외재배 농기구, 참외 활용 음식 등 성주참외에 관한 모든 것을 알 수 있다.

2 성밖숲

성주읍 경산리 성주읍성(星州邑城) 밖에 조성된 성밖숲은 풍수지리에 따라 1380년대에 조성되었다. 300년~500년생 왕버들 59주가 자라고 있어 휴식 공간으로 인기가 높다.

3 세종대왕자태실

월항면 인촌리 선석산(禪石山, 742.4m) 아래에 자리한 세종대왕자태실(世宗大王子胎室, 사적 제444호)은 세종대왕의 왕자와 원손(元孫)인 단종(端宗)의 태실 등 모두 19기가 있다.

4 한개마을

성산이씨(星山李氏) 집성촌인 한개마을은 500여 년 전 진주목사(晋州牧使)를 지낸 이우(李友)가 정착하여 터를 잡았다. 한개라는 지명은 크다는 뜻의 '한'과 나루라는 의미의 '개'가 합쳐진 말로서 고즈넉한 돌담길이 예쁜 마을이다.

이야기가 있는

경북 한옥 예향

예천醴泉

茶院

예천 사괴당고택

방물장수가 길을 잃은 금당실 마을

경북 예천(醴泉)은 단술 醴(예) 자와 샘 泉(천) 자를 쓴다. 이곳 물맛이 단술과 같다는 뜻이라 한다. 이렇게 물맛이 달고 산천이 아름다운 곳에 터를 잡고 사는 사람들이 문득 궁금해진다. 흙돌담과 굽이굽이 골목 안 고택들이 저마다의 사연을 간직한 금당실 마을에서 잠시 걸음을 멈추고 조선시대 과객이 되어 사괴당 대문을 두드려본다.

글과 사진 _ 이동미

1

조선 십승지 중 한 곳인 금당실 마을

태백산 능선의 산자락과 낙동강 줄기인 내성천이 서로를 부여잡고 산태극 물태극을 그리는 회룡포의 비경을 감상하고 세 개의 강줄기가 만난다는 삼강주막에서 막걸리 한잔하면 조선 땅 어느 곳 보다 예천이 좋아진다.

눈길 닿는 곳마다 절경이면서도 편안함을 느끼게 해주는 예천의 단물 줄기를 따라가노라니 소박한 소나무 숲속 고택이 줄을 잇는 안온한 마을이 나타난다. 금당실 마을이다. 금당이라는 지명은 마을 지형이 물에 떠있는 연꽃 즉, 연화부수형이기에 붙여졌다. 북쪽의 매봉, 서쪽의 국사봉, 동쪽의 옥녀봉, 남쪽의 백마산으로 둘러싸인 분지형 지형으로 매봉이 조산이 되고 그 뒤로 길게 뻗

1. 금당실 마을을 한눈에 볼 수 있는 오미정
2. 사괴당의 측면 모습
3. 금당실 마을 돌담과 토종 화초들
4. 돌담 위의 호박덩이
5. 기와를 인 흙담과 콩줄기
6. 초당의 2층방

은 소백산 줄기가 내룡이 되었다. 마을로 들어서니 무언가로부터 보호받는 아늑한 느낌이다. 전쟁이나 천재지변에도 안심할 수 있는 곳을 '승지'라 하는데 조선시대 예언서인 정감록에 의하면 우리나라에는 십승지가 있고 그 중 하나가 바로 이곳 금당실이다. 실제로 임진왜란 때에도 피해가 없었으며 조선 태조가 도읍지로 정하려 했다는 이야기가 전해진다.

7

8

9

지조 있는 고려 무신 변안열의 후손이 사는 집

금당실 마을에 들어서면 미로처럼 돌담이 이어진다. 볏짚과 황토를 이용해 차곡차곡 쌓아올린 돌담은 구불구불 부드러운 곡선을 그리며 거미줄처럼 얽혀 있고 그 사이에 반송재 고택(문화재자료 제262호), 사괴당 고택(문화재자료 제337호), 양주대감 이유인의 99칸 고택터 등이 숨은 듯 자리한다. 그렇게 이어지는 돌담을 따라 마을구경을 하다보면 마치 조선시대 선비라도 된 듯 발걸음까지 느긋해져 자꾸만 걸음이 느려진다. 금당실 마을에 물건을 팔러왔던 방물장수가 길을 잃어 열세바퀴나 돌았다는 말이 거짓은 아닌 듯 싶다.

삐그덕 소리가 나는 나무대문을 열고 사괴당 고택으로 발을 들여 본다. 이 마을은 원주 변씨와 함양 박씨의 집성부락인데 사괴당 고택은 원주 변씨인 사괴당 변응녕(1518~1586)이 건립한 집이다. 원주 변씨의 시조는 고려 말의 무신인 변안열(1334-1390)로 공민왕이 원주를 관향으로 내려주었다. 이성계의 위화도 회군 때 이성계가 술 한 잔하며 하여가를 읊자, 정몽주는 단심가를, 변안열은 불굴가를 읊으며 지조를 지켰던 인물이다.

7. 사괴당 고택의 모습
8. 투박한 옛 모습 그대로의 안채 댓돌
9. 안채 안방에서 보이는 사괴당 마당
10. 금당실 송림에서 만나는 소나무
11. 마당의 미니연못
12. 아침 산책에 좋은 금당실 송림
13. 금당실 마을 풍경
14. 세월을 고스란히 담고 있는 마루
15. 정감록의 십승지 중 한곳인 금당실 마을

변응녕은 이 마을에 처음으로 들어와 자리를 잡은 첨주공파의 입향조인 귀계 변희리(1435~1505)의 증손이고 변희리는 무오사화(1498) 때 화를 피해 안동을 거쳐 예천으로 숨어들었었다. 사괴당 변응년은 집 앞에 연못을 파고 정자를 지었는데 연못 네 귀퉁이에 각각 느티나무를 심었다. 세월이 지나며 현재는 한 그루만 남아있고 한그루는 그 흔적만 볼 수 있다. 여기에서 사괴당이란 호와 집의 이름이 유래한다.

16. 22대손인 변대우 선생
17. 초당에서 바라본 안채와 문간채
18. 원주 변씨의 시조인 변안열과 불굴가
19. 오미정에서 내려다본 금당실 마을
20. 안채 마루에서 보이는 뒷뜰
21. 사괴당 안채의 아름다운 한지문
22. 산책길이 좋은 금당실 송림
23. 초당 2층 방에 걸린 부채

다락방에 소총을 감추던 역사의 현장

22대손인 변대우 씨는 이곳 사괴당에서 사촌형이자 종손인 변종우 씨와 함께 어린 시절을 보냈다. 당시 증조할아버지는 일본과 쌀 무역을 했는데 현미 쌀을 삼강나루에서 실어 부산을 통해 일본으로 보내고 상주식산은행에서 어음을 찾아 오곤 했다. 나귀 등에 올라타 종을 대동하고 대문을 나서던 모습이 아직도 눈에 선하다고 한다. 집안에 정미소와 말 방앗간이 있었으며 그것이 일반정미소로 또 옥탄 증기 정미소로 바뀌었고 사괴당 또한 세월과 함께 오늘의 모습이 되었다.

사괴당의 대문채에는 디딜방아와 문간방이 있고 안채는 'ㄷ'자 모양이다. 남향인 안채는 80㎝ 높이의 막돌을 쌓은 기단 위에 정면 5칸 측면 5칸 규모의 홑처마 팔작지붕집이다. 안방과 안대청을 중심으로 서쪽 날개집에는 찬방과 부엌, 고방(곡식과 씨앗 저장고)이 있고 동쪽 날개집에는 마루방 온돌방 등이 있어 서쪽은 안주인이 관장하고, 동쪽은 또 하나의 작은 안채를 꾸릴 수 있도록 영역을 구분해 놓았다. 안채 부엌 위에는 다락이 있는데 독립운동을 위한 소총 350여 점이 나왔고 서쪽날개 가장 뒷방은 집안 어르신의 방이었다. 원래 안채 앞에 'ㄴ'

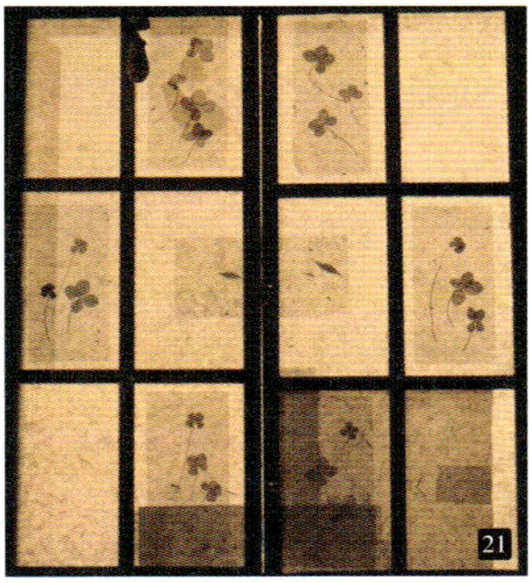

자로 사랑채가 있었지만 지금은 없어지고 넓은 마당이 휑하다. 별채처럼 쓰이는 초당은 이층으로 아래층엔 외양간과 문간방, 동쪽대문이 있고 이층은 3칸짜리 방이 있다. 수많은 세월과 이야기를 간직한 사괴당은 현재 종손이 살지 않고 위탁 관리되고 있으며 다양한 체험프로그램과 고택스테이가 진행되고 있다.

참고 _ 〈윤종일 교수의 『남양주 역사기행(3)』 – 고려의 충절 변안열 장군과 〈불굴가〉 (http://kr.blog.yahoo.com/jidosabsi/1010), 22대손 변대우 선생, 금당실마을 홈페이지 http://geumdangsil.invil.org , 『안동시사』(안동시사편찬위원회, 1999)〉

사괴당 고택 여행수첩

주소 : 경상북도 예천군 용문면 상금곡리 430
전화 : 054-653-7325, 010-3600-7325

사괴당 고택은 묵을 수 있는 방이 많이 있다. 찻방이 달린 안채 안방이 6만원, 안채 서쪽 날개 끝방인 사랑방이 6만원, 초당 2층 3칸방이 15~20만원, 초당 아래층 문간방이 6만원 그리고 문간채 문간방이 4만원이다. 예약은 사괴당(문의 : 054-653-7325, 010-3600-7325)으로 하면 된다. 제대로 된 한옥을 그대로 느낄 수 있는 사괴당에 잠을 잔 후 아침 일찍 마을 산책을 즐겨보자. 마을을 보호해 주는 금당실 솔숲이 인상적이다. 오미산의 오미정에도 올라보자. 아름다운 한옥이 물결치는 금당실 마을이 한눈에 들어온다.

찾아가는 길

중앙고속도로 예천톨게이트 IC에서 예천 방면으로 좌회전해 보문로 7km 지점에서 용문 방면으로 우회전한다. 928번 지방도 700m 직진 후 우회전해 효자로 40m 지점에서 용문 방면으로 좌회전, 140m 지나 우회전해 6km 정도 달린 후 용문면사무소 방면으로 우회전 한다. 300m 지점에서 좌회전하면 사괴당 고택이다.

다른 잠자리

금당실 마을에는 사괴당 고택 외에도 고택 스테이를 할 수 있는 집이 많다. 우천재, 김대기 가옥, 유천초옥 등이 있으며 금당실마을(054-654-2222)을 통해 예약할 수 있다. 학가산우래자연휴양림(054-652-0114)은 맑은 공기 가득한 숲속에서의 하룻밤을 보장하고 출렁다리녹색농촌체험마을(054-652-7676, www.ycgreen.com)은 체험 프로그램을 함께 이용할 수 있다.

맛있는 집

예천 용궁면에서는 흥부네 순대(054-653-6220), 단골식당(054-653-6126)의 순대와 오징어 불고기가 유명하다. 토종녹두로 만든 청포묵이 맛있는 청포묵집(054-655-0264)도 추천할 만하다. 육회식당(백수식당)(054-652-7777)에서 먹는 육회비빔밥, 모둠 육회 등 예천참우도 예천의 명물이다.

여행코스

1 초간정　2 용문사　3 회룡포　4 삼강주막

1 초간정

용문면 죽림리에 있는 조선시대 누정으로 선조 15년(1582년) 권문해(權文海)가 창건하였다. 울창한 솔숲 사이로 기암괴석과 맑은 물이 절경을 이룬다. 명승 제51호.

2 용문사

신라 경문왕 10년(870년) 두운(杜雲)선사에 의해 창건된 용문사는 소백산 끝자락의 천년 사찰이다. 고려 태조와 관련된 설화가 전해지며 보물로 지정된 윤장대가 있다.

3 회룡포

태백산 능선의 산자락이 둘러싸고, 낙동강 지류인 내성천 줄기가 350도 휘감아 돌아나가며 산과 강이 태극 모양의 조화를 이루는 곳이다. 건너편 비룡산의 회룡대에 오르면 회룡포가 한눈에 들어온다.

4 삼강주막

조선시대 마지막 주막으로 삼강나루를 왕래하는 사람들과 보부상, 사공들에게 요기를 해주고 숙소를 제공했던 곳이다. 삼강(三江)나루는 내성천, 금천, 낙동강이 합류하는 지점이다.

이야기가 있는 경북 한옥 예향

봉화奉化

봉화 해헌고택

술 익는 마을에서 신선처럼 보내는 고택의 하룻밤

안동에서 출발하면 해헌고택에서 점심을 해결해야 한다. 더 먼 곳에서 출발했다면 이곳에서 잠자리를 청해야 한다. 저마다 가는 목적지는 달라도 해헌고택은 반드시 한번쯤 들려야 하는 정거장 같은 곳이었다. 고택은 늘 사람들로 북적였고, 이야기가 넘쳐났다. 오가피향 그윽한 선주에 취해 신선의 시가 절로 나오고, 오래된 기와집 구들장은 따뜻한 하룻밤을 약속한다.

글과 사진 _ 윤규식

1

처조카 집을 넘겨받아 해헌고택을 세우다

조선조 말 풍수역학에 조예가 깊었던 수헌 김병집 선생은 봉화군 명호리를 지나다 혼잣말로 '저기에 내 자손 중 한 집은 살 것이다'고 했다. 그 말을 들은 경주 군수 권상문은 김병집 선생이 말한 터에 경주 동헌과 똑같은 형태로 집을 지었다. 권 군수는 선생의 처조카였다.

그러나 집을 지은 지 얼마 후 안채에 불이 나 절반이 타버렸다. 수리할 엄두도 내지 못하고 있던 차에 해헌 김석규 선생이 이 집을 인수해 다시 짓고 지금까지 6대에 걸쳐 후손들이 살고 있다. 김석규 선생은 김병집 선생의 셋째 아들이었고, 그 집이 바로 해헌고택이다.

1. 안채 뒷뜰의 굴뚝
2. 뒷뜰의 지게
3. 뒷뜰풍경
4. 굴뚝 구멍으로 본 장독대

93칸의 큰 기와집 해헌고택은 이렇게 탄생했다. 권상문 공이 처음 집을 지었을 때가 정확치는 않지만 1884년경이었다고 전한다. 해헌 선생은 이를 1927년에 중수했다. 지금도 안채 대청마루 천정을 올려다보면 한쪽은 시커멓게 그을린 자국이 있어 옛날의 화재를 짐작케 한다. 정남향의 해헌고택은 원래 남향 정 중앙에 솟을대문이 있었지만 잦은 화재를 막기 위해 몇 년 전 동남쪽으로 옮겨놓았다. 고택은 사랑채와 안채, 곳간채 등으로 구성돼 있다.

해헌가 후손들은 사람이 살지 않는 한옥은 집으로서 가치를 금세 상실한다고 생각한다. 그래서 일반 방문객들에게 문호를 활짝 개방했고, 그 덕분에 예전에도 그랬지만 지금도 사람들의 발길이 끊이지 않는다. 수많은 문서는 한국국학진흥원 등 관계 기관에 맡겨 놓아 그 많던 도둑도 이제는 뜸하다.

5

6

7

두 강과 세 산이 만나는 해헌고택

해헌고택은 지리적으로 절묘한 위치에 자리잡고 있다. 집 앞으로 낙동강과 운곡천 등 2개의 강이 흐르고, 태백산, 소백산, 일원산 등 3개의 산이 지난다. 이른바 이수 삼산의 지형이다.

위치가 이렇다 보니 이 집에는 지나는 사람도 끊이지 않는다. 안동 쪽에서 올라오는 사람, 울진, 태백 쪽에서 오는 사람, 영주 쪽에서 내려가는 사람 등 각 방면에서 지나는 사람들로 넘쳐났다. 해헌고택은 사람이 지나는 '길목'에 있었던 것이다.

해헌 선생은 이렇게 지나는 사람들이 잠시 들려 목이 마르고, 배고프고, 잠이 온다 말하면 아무 말 없이 모두 받아들여 먹이고 재웠다. 갈 때 들렀던 사람은 올 때 다시 들르고, 다음에 갈 때 또 들른다. 이런 일이 반복되면서 해헌고택은 어느덧 지날 때 반드시 들렀다 가야 하는 곳으로 자리잡았다. 지나는 사람도 시인묵객에서부터 술사, 장사치까지 각양각색이었다.

5. 해헌고택 담장
6. 사랑방
7. 해헌고택 현판
8. 사랑채와 말린 오가피
9. 편의시설이 갖춰진 방
10. 안채 옆 장작더미

다행히 해헌 선생은 이들에게 무료로 숙식을 제공하기에 부족함 없는 재력을 갖고 있었다. 조상 대대로 물려받은 재산은 없었지만 해헌 선생에게는 미래를 예측할 수 있는 놀라운 능력이 있었다. 예를 들어, 올해는 콩을 심으면 잘 될 것이라고 예상해 그렇게 하면 신통하게도 그 말이 딱 들어맞아 큰돈을 벌곤 했던 것이다. 해헌 선생은 이렇게 모은 재물을 이웃이나 지나는 과객에게 아낌없이 베풀었다.

해헌 선생의 5대손인 김세현 선생은 "6.25 때도 빨치산들이 지주의 집이라며 불태우려 했지만 저 집 덕분에 먹고 살 수 있었다고 가로막아 그냥 지나갔다"며 고택이 지금까지 보존될 수 있었던 이유를 설명한다.

11

12

13

선주와 함께 신선의 노래를 읊던 시회(詩會)

해헌 선생은 경술국치 이후 벼슬 공부를 접었다. 초야에 묻혀 학동들을 가르치며 봄, 가을에는 주변의 선비들을 초대해 시회를 열었다. 서민들이 모이면 창이나 판소리를 했지만, 선비들이 모이면 시조를 지어 읊으며 문학의 향기에 취했다. 시회 날짜가 잡히면 통문을 보내 원근 각지에서 선비들을 모았다. 그 속에는 스님도 있었다. 일제 치하에서는 단순한 시회를 넘어 각지의 정보를 교환하고, 독립자금을 전달하는 수단으로 활용되기도 했다. 당연히 일본 순사들은 시회를 금지시켰으나 해헌 선생은 갖가지 회유책을 써 순사들의 훼방을 막았다고 한다. 그리고 시회가 열릴 때마다 빠지지 않았던 술이 바로 해헌가의 가양주인 선주이다.

오가피로 만든 선주는 독주임에도 부드럽게 넘어가고 숙취가 없다는 장점이 있다. 몇 잔 마신 후 시를 쓴 뒤 조금 있다 술이 깨 그 시를 보면, 마치 신선이 내려와 쓰고 간 듯 수려한 문장에 절로 감탄사가 나온다고 해서 '선주(仙酒)'라고 한다.

11. 처마끝 풍경
12. 사랑채 전경
13. 바깥에서 본 사랑방
14. 오가피 말리는 주머니
15. 장독대
16. 안채 풍경
17. 안채 풍경
18. 장작불 위의 가마솥
19. 해헌고택 후손 김세현 선생

이 술은 퇴계 이황 선생의 가문인 진성 이씨 부인들의 손을 타고 지금껏 전해지고 있다. 해헌 선생 이후 김세현 선생까지 5대가 이어지는 동안 이 집의 안주인은 모두 진성 이씨였다. 우연치고는 꽤 희한한 인연이다. 어쨌든 그 덕분에 해헌고택에서는 지금도 진한 향이 일품인 선주를 맛볼 수 있다.

잘 익은 술에 취해 신선처럼 보내는 고택의 하룻밤. 해헌고택에서만 누리는 특혜가 아닐 수 없다. 넉넉한 웃음을 보내는 김세현 선생은 언제라도 마음 내키면 달려오라고 청한다. 그곳에는 만날 사람이 있고, 맛난 선주가 있기 때문이다.

참고 _ 〈해헌유고(2001. 봉화선주), 김세현 선생〉

해헌고택 여행수첩

주소 : 경상북도 봉화군 명호면 도천리 265

전화 : 054-672-1007

해헌고택에는 총 8개의 객실이 준비돼 있다. 주인은 최대한 편안한 잠자리를 제공하기 위해 방마다 화장실, 에어컨, TV 등을 설치해 놓았다. 몇몇 방에서는 취사도 가능하다. 숙박료는 1인당 1만원으로 생각하면 된다. 4인실은 4만원, 5인실은 5만원인 셈이다. 식사는 제공되지 않는다. 난방은 구들과 자갈, 황토로 된 방바닥을 장작 또는 심야 전기로 데운다. 전화로만 예약을 받으며 여름철의 경우 방문객이 많으므로 한참 전에 예약하기를 권한다. 선주는 해헌고택에 가면 맛볼 수 있으며, 봉화지역 마트에서 구입하거나 농협, 우체국 택배 등으로 주문할 수 있다.

찾아가는 길

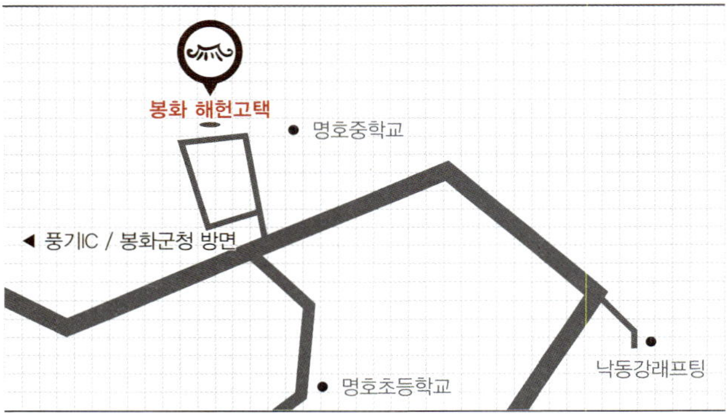

중앙고속도로 풍기IC 진출 후 우회전하여 풍기 방면으로 1.1㎞ 주행, 봉현교차로에서 좌회전 후 10.5㎞ 영주로 이동한다. 영주에서 봉화 방면으로 2.2㎞ 이동, 그 후 상망교차로에서 36번도로에 진입하여 14.5㎞를 주행하면 금봉교차로에 이른다. 금봉교차로에서 우회전 후 봉성삼거리에서 재산(영양) 방면 좌측도로 7.8㎞ 이동한다. 도천삼거리에 안동 방면으로 약 1㎞ 이동하면 목적지인 큰기와집 민박에 도착한다.

다른 잠자리

고택에서 하룻밤이 아니라면 봉화읍 주변의 저렴하고 깔끔한 모텔이나 펜션을 이용해야 한다. 추천할 만한 곳으로는 궁전 파크모텔(054-674-0300), 낙원장(054-673-2351), 서벽리의 승지산장펜션(054-674-0081) 등이 있다.

맛있는 집

청량산 입구의 까치소리식당(054-673-9777)에서 산채비빔밥과 버섯전골을 맛볼 수 있으며, 다래식당(054-673-9005)은 두부찌개가 일품이다. 봉화읍에서는 봉화한약우(054-672-1091)에서 약초한우를, 봉화송이식당(054-673-4788)에서 쇠고기 송이국밥을 맛 볼 수 있다. 춘양면 시장 안쪽의 우돈명가(054-672-2234)에서는 청국장 백반이 구수한 입맛을 돋우며, 봉화 한우도 맛볼 수 있다.

여행코스

1 청량산 2 각화사 3 서벽 금강소나무 숲 4 닭실마을 5 석천정사와 계곡

1 청량산

태백산맥의 줄기인 중앙산맥에 솟아있는 청량산은 산 아래로 낙동강이 흐르고, 산세가 수려해 예부터 소금강이라고 불렸다. 여름철 운무와 가을철 단풍은 청량산에서 놓치지 말아야 할 비경이다.

2 각화사

춘양면 석현리에 위치한 각화사는 한때 승려 800명이 거주하던 큰 사찰이었다. 신라 문무왕 때 원효대사가 건립한 것으로 전해지며, 조선시대에는 태백산 사고의 수호사찰로 약 300년간 〈조선왕조실록〉을 보관하기도 했다.

3 서벽 금강소나무 숲

춘양면 서곡리에 있는 서벽 금강소나무 숲은 차가 다닐 수 있을 만큼 너른 임도에서 시작해 산길로 이어진다. 아름드리 금강소나무 사이로 난 흙길을 따라 걷는 맛이 일품이다

4 닭실마을

조선 중종 때 재상이었던 충재 권벌의 종택이 터를 잡은 명당이다. 충재 선생의 후손들이 500년 동안 대를 이어 살고 있으며, 전통의 맛을 이어가고 있는 한과는 닭실마을의 이름난 특산품이다.

5 석천정사와 계곡

봉화읍 유곡리 마을 앞을 흐르는 석천계곡에 있는 석천정사는 조선 중기 문신 권동보가 세운 정자이다. 계곡물을 바라보며 서 있는 정자는 주변 숲과 어울려 고즈넉한 운치를 더한다.

봉화 권진사댁(성암고택)

근검절약해 모은 자금 독립운동에 바친 가문

돈은 버는 것도 중요하지만 어떻게 써야하는 지는 더 중요하다. 쓰임새에 따라 악취가 나기도 하고 향기를 내뿜기도 한다. 유난스러울 정도로 근검절약을 생활화했던 성암고택의 선조는 그렇게 모은 재산을 고통 받는 이웃과 나눴다. 그리고 빼앗긴 나라를 되찾는데 사용했다. 성암고택의 웅장한 솟을대문이 우러러보이는 것은 이런 아름다운 행동이 있었기 때문이다.

글과 사진 _ 윤규식

1

하루 한 끼는 반드시 죽을 먹어라

흔히 권진사댁으로 불리는 성암고택은 안동 권씨 32대손인 성암 권철연 선생이 고종 17년(1880년)에 지은 고택이다. 닭실마을 충재 권벌 선생의 후손인 성암 선생은 성균관 생원진사였으나 벼슬길에 나가지 않고 이곳에서 학문을 닦고 후학을 양성하는데 온 힘을 쏟았다.

성암 선생은 집안이 부유했음에도 평소 근검절약을 몸소 실천한 것으로 유명하다. 곡식이 너무 많이 들어간다는 이유로 가양주를 빚지 못하게 했다는 일화는 선생의 절약 정신을 한 마디로 보여준다. 이 밖에도 후손들에 의해 전해지는 선생의 근검절약 이야기는 끊이지 않는다. 어떤 손님이 오든 똑같은 밥상을 받

2

3

4

1. 안채 입구
2. 안채 뒷뜰 장독대
3. 툇마루 풍경
4. 사랑채

았다는 이야기며, 독서를 즐기는 가운데 풀 뽑기 등 소일거리를 놓지 않았다는 이야기가 전해진다. 춘궁기에는 동네 사람들과 똑같이 먹도록 안식구들에게 엄명을 내리고, 이웃의 아픔을 느껴봐야 한다며 하루 한 끼는 보리쌀과 쑥을 넣은 죽을 먹게 했다고 한다. 8,000석의 농사를 짓는 재력가였지만 이웃의 고통을 함께 나누려 했던 선생의 고귀한 성품을 알 수 있는 대목이 아닐 수 없다.

성암 선생이 몸소 보여준 나눔의 정신은 바로 조선시대 양반가의 으뜸 덕목인 선비정신이었고, 그 아름다운 정신은 고스란히 후손들에게 이어졌다.

5

집안의 재산을 아낌없이 독립운동 자금으로

성암 선생은 근검절약으로 쌓은 재물을 방탕하게 사용하지 않았다. 자제인 권상경 선생을 통해 당시 교분을 맺고 있던 독립운동가 김창숙 선생에게 독립운동 자금을 전달해 조국의 독립에 일조하고자 했다. 그러나 자금 전달 과정에서 불미스러운 일이 벌어졌고, 급기야 일제에 발각돼 권상경 선생은 옥고를 치르기도 했다. 성암고택의 후손들은 8.15 광복 후 최근까지도 이같은 사실을 집안의 자랑으로 여겼을 뿐 밖에 드러내지 않았다.

하지만 전후 사정을 모르는 일부 사람들은 성암고택의 외형만 보고 수탈을 통해 부를 축적한 것처럼 오해하기도 했다. 이를 보다 못한 문중에서는 명예를 회복하고자 정부기관을 찾아다니며 관련 자료를 수집, 국가보훈처에 독립유공자 표창을 상신했다. 그리고 마침내 정부는 2005년 11월 권상경 선생에게 독립유공자 표창장을 추서하기에 이르렀다.

5. 권진사댁 전경 6. 마당의 독립유공자 표창 7. 사랑채 측면 툇마루 8. 안채의 뒤주 9. 안채의 책장
10. 대청마루의 세간살이들 11. 안채 선반 위의 개다리소반

12

14

15

16

춘양목으로 지어진 성암고택

근검절약과 독립운동의 정신이 서려 있는 성암고택. 6.25 전란의 포화 속에서도 66칸 대 저택의 위용은 훼손되지 않았다. 130여 년 세월이 흐르는 동안 숱한 고비가 있었겠지만 고택은 그 당당한 자태를 잃지 않고 있었다. 성암고택에 쓰인 목재는 모두 춘양목이다. 최고의 목재가 경북 문화재자료 제190호 성암고택을 이루고 있는 것이다. 집을 짓는 데만 6년이 걸렸다. 3년은 춘양목을 말리는데 소요됐고, 나머지 3년간 건축이 이루어졌다.

성암 선생의 증손자이자 종손인 권탄웅 선생은 마를수록 나무에서 송진이 나와 더욱 탄탄해지는 춘양목의 신비함에 아낌없는 찬사를 보낸다. 향은 물론 벌레도 먹지 않으니 그야말로 금상첨화다.

선생은 서울에서 공부하고 직장생활 했던 탓에 홀로 고택을 지키시던 어머님이 돌아가신 후 15년간 집을 비울 수밖에 없었다. 더 이상 방치할 수 없던 권탄웅 선생은 8년 전 서울 생활을 정리하고 아내와 함께 이곳 성암고택으로 돌아왔다. 그런데 춘양목의 힘은 대단했다. 여기저기 낡고 주저앉아 있어야 할

12. 안채 전경 13. 솟을대문과 행랑채 14. 권진사댁 돌담 15. 방안에서 본 권진사댁 마당 16. 안채 뜰에 핀 꽃
17. 고택체험 방 18. 사랑채와 굴뚝 19. 사랑채 문창살 20. 사랑채 가는 문

집은 예전 그대로 멀쩡한 상태를 유지하고 있었다. 권 선생은 이렇게 좋은 집을 놓고 왜 이제야 내려왔나 후회했다고 한다. 그리고는 봉화군의 지원을 받아 도배를 다시 하고, 전기시설을 교체하는 등 대대적인 집 정비에 나섰다. 근간이 튼튼하기에 화장실 등 편의시설만 조금 정비하면 됐다. 집을 정비하는 과정에 우여곡절도 많았다. 그 중 가장 안타까운 사건이 수많은 고서들을 도난당한 것이다. 젊은이 몇 명과 함께 찾아온 대학 교수라는 자가 연구 목적으로 책을 빌려갔으나 그 뒤로 감감 무소식이었다. 100여 개에 달하는 크고 작은 상도 어느 틈엔가 사라져 버렸다. 이런 일을 거치며 집 정리를 마친 권 선생 내외는 5년 전인 2006년부터 고택체험객을 맞이하기 시작했다.

장작불로 달궈진 사랑채 큰 방, 뜨끈한 아랫목에서 등 한 번 지지면 뭉쳤던 어깨가 스르르 녹는다. 안개 낀 이른 새벽 툇마루에 앉으면 아득했던 정신이 맑아진다. 그러나 성암고택에서 진짜 맛보아야 할 것은 구석구석에 배인 근검절약과 나눔의 정신이다. 권탄웅 선생은 고택체험을 위해 방문하는 사람들에게 이 집에 스며있는 조상의 얼을 꼭 한 번 느껴보고 가라고 권한다.

참고〈권탄웅 선생〉

21

성암고택 여행수첩

주소 : 경상북도 봉화군 춘양면 의양리 233
전화 : 054-672-6118

성암고택에는 총 6개의 방이 준비돼 있다. 이용 요금은 5만원~10만원이며 개별 취사는 할 수 없다. 사전에 주문할 경우 가정식 아침식사를 제공한다. 반드시 예약 후 이용해야 하며 홈페이지가 없기 때문에 전화로만 예약을 받는다.
자녀와 함께 방문할 경우 사전에 권탄웅 선생께 요청하면 우리나라 효 사상과 인격 수양을 위한 이야기도 들려줄 수 있다. 음악회는 비정기적으로 기획, 공연된다. 따라서 음악회에 관심이 있다면 봉화군이나 성암고택에 직접 문의해 일정을 체크하는 것이 좋다.

21. 안채로 가는 중문
22. 솟을대문
23. 성암고택 후손 권탄웅 선생

찾아가는 길

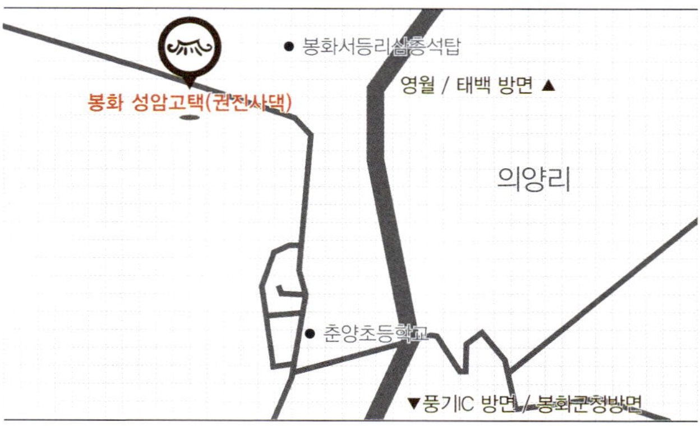

중앙고속도로 풍기IC 진출 후 우회전하여 풍기 방면으로 1.1㎞ 주행, 봉현교차로에서 좌회전 후 10.5㎞ 영주로 이동한다. 영주에서 봉화 방면으로 2.2㎞ 이동, 그 후 상망교차로에서 봉화(울진) 방면으로 28㎞를 이동한다. 춘양교차로에서 우측도로로 진출한 뒤 춘양삼거리에서 좌회전 후 3㎞를 이동하면 권진사댁에 도착하게 된다.

봉화 만산고택

선조들의 우국충정 서려 있는 춘양의 고택

백두대간의 한 자락 망미산 줄기가 휘돌고, 운곡천 맑은 물이 유유히 흐르는 춘양의 한 마을. 그곳에 만산고택이 있다. 솟을대문 당당한 이 집에 들어서면 준수한 외모의 사랑채가 넉넉한 품으로 손님을 맞이한다. 그러나 외세의 침탈로 국운이 쇠퇴할 무렵 지어진 만산고택은 선조들의 간절했던 우국충정을 다 말하지 못한 채 집안 곳곳에 그 흔적만 남기고 있다.

글과 사진 _ 윤규식

흥선대원군이 친필로 내려보낸 '만산'

만산고택은 고종 15년(1878년)에 지어졌다. 만산은 이 집을 지은 강용 선생의 호로 지금까지 그 후손들이 대를 이어 살고 있다. 만산의 부친 백초 강하규 선생은 과거에 장원급제해 벼슬길에 올라 이조참의, 대사간 등 중앙의 주요 관직을 두루 거쳤다. 북청부사로 나갔을 때에는 가난한 백성을 위해 선정을 베풀어 깊은 존경을 받았다. 임기를 마쳤을 때 백성들이 유임운동을 벌일 정도였다고 한다.

강하규 선생은 특히 흥선 대원군과 친분이 두터웠던 것으로 전해진다. 그의 아들인 만산 선생도 과거에 급제해 아버지와 더불어 부자가 모두 높은 벼슬을 지냈다. 이런 인연 탓에 흥선대원군은 만산고택이 지어졌을 때 친히 '만산(晩山)'이라는 현판을 하사하기도 했다.

만산고택에는 이 밖에도 당대를 풍미했던 명망가들의 현판이 21점이나 걸려 있었다. 대표적인 것은 서실에 붙은 현판 '한묵청연(翰墨淸緣)'이다. 영친왕이 8세 때 썼다고 전해지는 이 현판은 '글로써 맺은 맑은 인연'이라는 의미로 당시

1. 코스모스 핀 마당과 사랑채
2. 안채 곳간
3. 안채의 전통 농기구들
4. 칠류헌 현판
5. 사랑채 문창살 야경

만산의 집안과 조선 왕조가 얼마나 친밀한 관계였는지 단적으로 보여준다. 또한 칠류헌의 현판은 독립운동가 오세창 선생의 글씨이기도 하다. 그러나 외세의 침탈로 국운이 쇠퇴하고 급기야 1905년 을사늑약이 체결되자 만산 선생은 모든 관직을 버렸다. 울분을 참지 못한 선생은 항소를 올린 후 모든 바깥일을 끊고 자연 속에 파묻혔다. 이 때 선생은 칠류헌(七柳軒)을 짓고 집 뒤 산림에는 망미대(望美臺)를 쌓아 망국의 신하된 설움을 달랬다. 특히 칠류헌이라는 이름에는 깊은 뜻이 담겨 있다. '칠(七)'이란 월화수목금토일의 순환을 의미하는 숫자로, 천지운세가 순환하듯 조선왕조의 국운이 회복되기를 바라는 만산의 간절한 염원이 담겨 있다. '류(柳)'는 우국충정의 상징인 도연명이 자신을 다섯 그루의 버드나무에 비유하며 '오류거사'라 칭한데 연유해, 여기에 둘을 더 해 '칠류'라고 했다.

겉으로 보기에는 그저 아름다운 고택이지만 그 속에는 나라를 빼앗긴 선비의 슬픔과 고통이 스며있었다.

어느 방이든 햇볕이 스며드는 따스한 고택

경상북도민속문화재 제121호로 지정된 만산고택은 정동향의 전형적인 사대부 가옥구조를 띠고 있다. 솟을대문으로 들어서면 너른 마당 앞에 팔작지붕의 사랑채가 위엄 있게 서있다. 이를 중심으로 왼쪽에는 글공부를 하는 서실이 있고, 오른쪽으로는 영빈관 격인 칠류헌이 있다. 그리고 사랑채 뒤편으로 'ㅁ'자형의 안채가 있다.

사랑채는 'ㅡ'자형의 개방적 형태를 띠고 있으며, 안채는 'ㅁ'자 구조로 폐쇄적이다. 남성과 여성의 생활영역을 엄격히 구분했던 조선시대 상류층 주택의 분할 방식을 그대로 보여주고 있는 것이다.

칠류헌은 봉제사접빈객(奉祭祀接賓客) 즉, 제사를 모시고 손님을 접대하는 것을 선비의 제일 큰 덕목으로 여겼던 조선시대 양반가문의 특징이 가장 잘 나타나는 곳이다. 간단하게 손님을 맞이한 후 연회나 담론이 필요하면 영빈관인 칠류헌으로 모셨다.

6. 칠류헌 입구
7. 안채 대청마루
8. 행랑채 툇마루의 가지와 박
9. 칠류헌 대청
10. 솟을대문과 행랑채 야경
11. 사랑채 고무신과 서실
12. 칠류헌 대청

만산고택은 130여 년의 세월이 지나는 동안 동학혁명, 일제강점기, 6.25동란 등 민족의 큰 사건을 겪었지만 원형을 잘 보존하고 있다. 만산의 5세손인 강백기 선생은 "선조들이 이웃들에게 후하게 대접하고 어려움을 함께 나누며 살았기 때문"이라고 전한다. 노블레스 오블리주를 몸소 실천한 결과이리라.

만산고택은 정동향으로 배치된 덕분에 집안 곳곳에 햇볕이 잘 스며든다. 고택의 안주인 류옥영 여사는 "하루가 지나는 동안 어느 곳이든 한번쯤은 볕이 들어온다."며 "대체로 한옥은 어두운 방이 많은데 우리 집은 그런 방이 없다."고 소개한다.

13

17

14

18

15

16

19

아날로그 방식의 휴식이 있는 만산고택

강백기 선생은 만산고택의 화두는 '교류'라고 단언한다. 고택은 사람과 사람이 만나는 장소여야 한다는 지론이다. 사람이 살지 않는 집은 가치가 없다. 그래서 2007년부터 방문객들에게 방을 내주고 있다. 개방을 하니 오히려 좀도둑도 없어졌다. 중요 유물은 국사편찬위원회나 한국국학진흥원, 대학 박물관 등에 맡겼다.

밤 12시까지 대문을 열어 놓으니 구경하고 싶거나, 자고 싶은 사람은 언제나 들어와서 청하면 된다. 만산고택에서는 휴식의 방법도 철저히 아날로그 방식이다. 정부 기관에서는 명품고택이라는 명분 아래 에어컨, 옷장 등 각종 편의시설을 설치하도록 지원하고 있지만 강백기 선생 부부는 이를 거부한다. 워낙 산골이라 굳이 에어컨이 필요하지 않고, 모기도 별로 없어 방충망도 필요 없다. 방 예약

13. 만산고택 후손 강백기 선생
14. 사랑채 전경
15. 칠류헌에서 바라본 서실
16. 안채 담벼락의 광주리
17. 사랑채 주변의 화분들
18. 성주 단지
19. 서실 야경
20. 고택 방 내부
21. 칠류헌 담장 아래 야생화
22. 사랑채 고택 체험방
23. 칠류헌 앞 야생화

은 전화로 하면 된다. 고택은 고택다워야 한다는 것이다. 그런 편의시설이 필요하다면 호텔로 가면 된다.

만산고택은 달빛 머금어 고요한 작은 방 뜨끈한 아랫목이 그립고, 그 안락함이 즐거운 사람들만 찾아오라고 권한다.

참고 _ 〈세상에서 가장 아름다운 집〉(만산고택), 강백기 선생, 류옥영 여사

만산고택 여행수첩

주소 : 경상북도 봉화군 춘양면 의양리 288
전화 : 054-672-3206

류옥영 여사가 꽃 가꾸기를 좋아해 만산고택 곳곳에는 온통 야생화 천지다. 아늑한 고택에서의 하룻밤도 좋지만 이른 새벽 집안을 둘러보는 재미도 쏠쏠하다. 대청마루가 많아 단체 모임 장소로도 좋다. 사랑채 앞마당에서 비정기적으로 음악회 등 문화행사도 개최된다.

총 12개의 방에서 숙박이 가능하다. 사랑채, 안채 등의 작은 방은 4인을 기준으로 할 때 4만원~8만원이며, 서실은 7만원, 칠류헌은 15만원이다. 인원 초과 시 1인당 1만원 추가. 식사는 제공되지 않으며, 마당에서 취사는 가능하다. 그러나 절대 마루 위에서 취사행위는 할 수 없다. 고택 어느 곳이든 불을 피워서도 안 된다. 화재를 방지하기 위해서다. 대부분 방은 심야전기로 온돌을 데우지만 서실과 행랑채 방 한 곳은 군불을 땐다. 겨울에 방문 시에는 사전에 난방을 해야 하므로 반드시 2~3일 전에 예약을 해야 한다.

24. 칠류헌 대청 25. 칠류헌 기둥 26. 영친왕 친필 현판
27. 안채 풍경 28. 만산고택 현판 29. 칠류헌 문창살

찾아가는 길

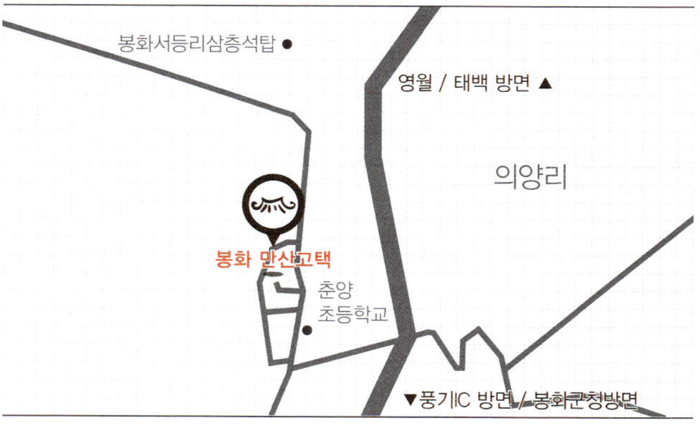

중앙고속도로 풍기IC 진출 후 우회전하여 풍기 방면으로 1.1㎞ 주행, 봉현교차로에서 좌회전 후 영주시 방향으로 10.5㎞를 이동한다. 영주에서 봉화 방면으로 2.2㎞ 이동, 그 후 상망교차로에서 봉화(울진) 방면으로 28㎞를 이동한다. 춘양교차로에서 우측도로로 진출한 뒤 춘양삼거리에서 좌회전 후 2.2㎞를 이동 후 서동길에서 좌회전하여 약70m 이동하면 만산고택에 도착한다.

이야기가 있는

경북 한옥 예향

부록

경북의 숙박시설

시군	업체명	숙박업형태	소재지	연락처
포항시	코모도호텔포항송도	관광호텔(2등급)	남구 송도동 311번지 2호	054- 241-1401
	라마다앙코르포항호텔	관광호텔(1등급)	남구 해도동 416번지 6호	054- 282-2700
	애플트리호텔포항 상도점	관광호텔(2등급)	남구 상도동 603번지 7호	054-241-1234
	호텔영일대	호텔·유스호스텔	남구 대잠동 780번지 177호	054-221-9452
	스테이-인 호텔	관광호텔	남구 해도동 415번지 1호 A동(2-6층)	054-274-8300
	자작나무호텔	일반호텔	남구 구룡포읍 구룡포리 962번지 1호	054-276-0315
	청룡회관	유스호스텔	남구 동해면 임곡리 156번지	054-290-9800
	성도비치유스호스텔	유스호스텔	북구 청하면 용두리 364-1번지	054-232-6461
	선프린스관광호텔	관광호텔(2등급)	북구 중앙동 17번지	054-242-2800
	필로스호텔	관광호텔(특2)	북구 죽도동 198-2번지	054-250-2000
	칠포파인비치호텔	관광호텔(1등급)	북구 흥해읍 칠포리 197번지	054-262-5600
	발렌타인	일반호텔	북구 두호동 1008번지 6호 외 6번지	054-251 -1600
경주시	경주힐튼호텔	관광호텔(특1)	신평동 370번지	054-745-7788
	호텔현대	관광호텔(특1)	신평동 477-2번지	054-748-2233
	코오롱호텔	관광호텔(특1)	마동 111-1번지	054-746-9001
	호텔 콩코드	관광호텔(특1)	신평동 410번지	054-745-7000
	코모도호텔	관광호텔(특1)	신평동 410-2번지	054-745-7701
	경주교육문화회관	관광호텔(특2)	신평동 150-2번지	054-745-8100
	경주조선온천호텔	관광호텔(1급)	신평동 452-1번지	054-740-9600
	불국사관광호텔	관광호텔(2급)	진현동 648-1번지	054-746-1911
	경주관광호텔	관광호텔(2급)	신평동 645번지	054-745-7123
	스위스로젠관광호텔	관광호텔(2급)	신평동 242-19번지	054-748-4848
	관광호텔벨루스	관광호텔(3급)	노서동 130-6번지	054-741-3335
	교원 스위트호텔 경주	관광호텔(3급)	북군동 110-9번지	054-778-5311
	신라밀레니엄 라궁	전통호텔	신평동 719-70번지	054-778-2100
	경주민박 돌목	한옥체험	양북면 범곡리 793번지	054-741-7799
	남산댁	한옥체험	강동면 양동리 128번지	054-762-4418
	락희원	한옥체험	황남동 214-2번지	054-744-6295
	매산고택	한옥체험	강동면 양동리 218번지	054-763-5263
	옥산정사 독락당	한옥체험	안강읍 옥산리 1600번지	054-762-7712
	유연재(우향다옥)	한옥체험	강동면 양동리 143번지	054-762-8096
	사랑채	한옥체험	황남동 238-1번지	054-773-4868
	선도산방	한옥체험	성건동 193-1번지	054-772-3123
	향단	한옥체험	강동면 양동리 135번지	010-6689-3575
	수리뫼	한옥체험	내남면 이조리 659번지	054-748-2507

시군	업체명	숙박업형태	소재지	연락처
경주시	야선재	한옥체험	남산동 1156-335번지	010-9215-1618
	소요유	한옥체험	내남면 안심리 385번지	010-2507-2734
	김호장군고택	한옥체험	탑동 633번지	054-772-9455
	수오재	한옥체험	배반동 217번지	011-9516-3030
	충의당	한옥체험	내남면 이조리 492번지	054-748-2049
	둥지민박집	한옥체험	강동면 양동리 108번지	010-5168-0380
	발렌타인	일반호텔	신평동 242-12번지	054-748-3232
	감포호텔	일반호텔	감포읍 감포리 476-2번지	054-776-2400
	오슬로모텔	일반호텔	양남면 수렴리 343-1번지	054-744-8200
	불국사온천호텔	일반호텔	시래동 368-2번지	054-745 -6661
김천시	김천파크관광호텔	관광호텔(1등급)	대항면 향천리 327-3번지	054-437-8000
안동시	안동파크호텔	호텔	운흥동 324번지	054- 859-1500
	치암고택	한옥체험업	안막동 119-1번지	054-858-4411
	창렬서원	한옥체험업	서후면 교리 273번지	054-852-0650
	지례예술촌	한옥체험업	임동면 박곡리 1182-1번지	054-852-1913 010-2502-2590
	옥연정사	한옥체험업	풍천면 광덕리 20번지	054-857-7005
	수졸당	관광호텔(1등급)	도산면 토계리 251번지	054-856-3307 010-6575-3307
	금포고택	한옥체험업	임하면 금소리 509번지	054-854-3788 010-6676-3002
	싸리대문민박	한옥체험업	풍천면 하회리 750-1번지	054-853-2549
	향토민박	한옥체험업	풍천면 하회리 619번지	054-853-2613
	고향의품	한옥체험업	풍천면 하회리 634번지	054-853-8891
	가장큰민박	한옥체험업	풍천면 하회리 609번지	054-853-2388
	화천서원	한옥체험업	풍천면 광덕리 16-2번지	054-854-0663
	디딜방아민박	한옥체험업	풍천면 하회리 736번지 21통	054-853-9224
	수애당	한옥체험업	임동면 수곡리 470-44번지	054-822-6661
	안동고택 이상루	한옥체험업	서후면 태장리 249번지	054-854-4422
	안동군자마을	한옥체험업	와룡면 오천리 산 28-1번지	054-852-5414
	매미민박	한옥체험업	풍천면 하회리 763번지	054-853-2532
	강변민박	한옥체험업	풍천면 하회리 651번지	054-853-2566, 9796
	예안이씨 충효당	한옥체험업	풍산읍 하리리 189번지	054-858-4768
	초연재	한옥체험업	풍천면 하회리 741번지	054-853-4828
	작천고택	한옥체험업	풍천면 하회리 663번지	054-853-2574
	부산민박	한옥체험업	풍천면 하회리 763번지	054-853-2843
	소나무민박	한옥체험업	풍천면 하회리 718번지	054-852-4277
	기양서당	한옥체험업	임동면 수곡리 537-1번지	010-5588-9494

시군	업체명	숙박업형태	소재지	연락처
안동시	농암종택	한옥체험업	도산면 가송리 612번지	054-843-1202
	하중재	한옥체험업	풍천면 하회리 734-1번지	019-270-0102
	느티나무집	한옥체험업	풍천면 하회리 682번지	054-853-1488
	번남고택	한옥체험업	풍천면 하회리 750-1번지	054-852-8550
	감나무집	한옥체험업	풍천면 하회리 781번지	010-2339-1181
	해뜨는집	한옥체험업	풍천면 하회리 742번지	054-853-2550
	고가와 민박	한옥체험업	풍천면 하회리 622번지	054-853-2947
	회제고택	한옥체험업	풍천면 하회리 614번지	054-853-2630
	기와와 초가	한옥체험업	풍천면 하회리 686번지	054-854-5993
	조용한민박	한옥체험업	풍천면 하회리 625번지	054-853-2207
	한산이씨 대산종	한옥체험업	일직면 망호리 637번지	010-4806-0038
	고산서원	한옥체험업	남후면 광음리 34번지	010-4806-0030
	락고재	한옥체험업	풍천면 하회리 695번지	054-857-3410
	후소당	한옥체험업	풍천면 하회리 679번지	054-842-6500 011-279-6500
	양소당	한옥체험업	풍산읍 소산 1리 218번지	011-260-9565
	덕여재	한옥체험업	풍천면 하회리 621번지	054-857-2885
	북촌댁	한옥체험업	풍천면 하회리 706번지	010-2228-1786
	임청각	한옥체험업	법흥동 20번지	054-853-3455
	간재종택	한옥체험업	서후면 금계리 162번지	054-852-2345
	열화재	한옥체험업	도산면 토계리 481-2번지	054-855-8332
	칠계재	한옥체험업	서후면 금계리1리 776번지	054-852-2649
	경당종택	한옥체험업	서후면 성곡리264번지	054-852-2717
	목재고택	한옥체험업	도산면 원천리879번지	010-8945-2640
	고성이씨 탑동파종택	한옥체험업	법흥동 9-2번지	010-2804-8700
	병산서원 주사채	한옥체험업	풍천면 병산리30번지	054-853-2172
	구담 송원재	한옥체험업	풍천면 구담리457번지	054-853-2458
	반구정	한옥체험업	정상동 486번지	054-858-5237
	초가집민박	한옥체험업	풍천면 하회리 681번지	054-854-3390
	수곡고택	한옥체험업	풍천면 가곡리 419번지	054-841-2433
	묵계서원	한옥체험업	길안면 묵계리 735-1번지	054-841-2433
	노동서사	한옥체험업	풍천면 가곡리 614번지	054-841-2433
	두릉고택	한옥체험업	길안면 현하리 464번지	054-823-8000
	구담정사	한옥체험업	풍천면 구담리 458번지	054-853-2009
	은곡서당	한옥체험업	송천동 337번지	010-9766-3237
	우경고택	한옥체험업	와룡면 중가구리 619번지	011-548-9090
	간재종택	한옥체험업	녹전면 원천리 851번지	011-506-2038
	지산고택	한옥체험업	풍천면 하회리 612번지	054-853-9288

시군	업체명	숙박업형태	소재지	연락처
구미시	길벗마르코호텔	일반호텔	옥계동 823번지 12호	054-476-2201
	썬호텔	일반호텔	원평동 1042번지 외 1필지	054-456-0754
	구미관광호텔	호텔업	원평동 1032-5번지	054-451-2000
	베스트웨스턴호텔	호텔업	공단동 205번지	054-462-6000
	구미센츄리호텔	호텔업	임수동 92-10번지	054-478-0100
	파크비지니스관광호텔	호텔업	남통동 150-1번지	054-451-9000
	예스관광호텔	호텔업	황상동 321-33번지	054-474-0110
	피오레호텔	호텔업	인의동 842-4번지	054-475-9090
	킴스관광호텔	호텔업	황상동 305-51번지	054-476-9994
	호텔금오산	호텔업	남통동 산24-9번지	054-450-4001
영주시	풍기관광호텔	관광호텔(1등급)	풍기읍 성내리 51번지 15호	054-637-8800
	영진호텔	일반호텔	영주동 418번지 13호	054-632-1010
	코리아나호텔	일반호텔	부석면 소천리 387번지 15호	054-633-4445
	호텔위즈	일반호텔	휴천동 642번지 328호	054-633 -0020
	선비촌	한옥체험업	순흥면 청구리 357번지	054-638-6444
	괴헌고택	한옥체험업	이산면 두월리 877번지	010-8384-2397 054-636-1755
	우엄고택	한옥체험업	이산면 지동리 469번지	054-637-1537
	반학헌고택	한옥체험업	이산면 신암리 111번지	054-637-0038
	한국선비문화수련원	한옥체험업	순흥면 청구리 389번지	054-631-9888
	무섬한옥체험관	한옥체험업	문수면 수도리 209번지	054-634-0040
	옥녀봉자연휴양림	자연휴양림	봉현면 두산리 산31번지	054-639-7490
영천시	운주산승마자연휴양림	자연휴양림	임고면 황강리 산 9번지	054-330-6287
상주시	성주봉 자연휴양림	자연휴양림	은척면 남곡리 산 50번지	054-541-6512 054-541-6512
	상주관광호텔	관광호텔	서성동 121번지 1호	054-530-5000
문경시	문경관광호텔	호텔(1급)	문경읍 상초리 288-5번지	054-571-8001
	문경새재유스호스텔	유스호스텔	문경읍 상초리 355-2번지	054-571-5533
	농학당	한옥숙박시설	산양면 존도리 268번지	054-552-3824
	불정 자연휴양림	휴양시설	불정동 휴양림길 180번지	054-553-4100
경산시	경산용암웰빙스파	일반호텔	압량면 금구리 373-3번지	053-817-5500
	에스비호텔	일반호텔	중방동 873번지 4호	053-813-1151
	상대온천관광호텔	관광호텔(1등급)	남산면 상대리 590번지	053-851-6645
	경산 아삶공펜션	한옥체험업	남산면 사월리 133-1번지	010-5578-0577
	난포고택	한옥체험업	용성면 곡란리 526-6번지	053-856-1382

시군	업체명	숙박업형태	소재지	연락처
군위군	백송스파비스	관광호텔	부계면 춘산리 32번지	054-383-9486
	장곡휴양림	자연휴양림	고로면 장곡휴양림길 195번지	054-380-6317
	남천고택	한옥숙박시설	부계면 대율리 768번지	010-9358-2748
의성군	예맥(민산기념관)	한옥체험업	점곡면 사촌리 233번지	054-833-1913
	운초당	한옥체험업	금성면 산운리 1리 209번지	011-812-0232
	초해고택	한옥체험업	점곡면 사촌리 236번지	010-2910-2092
청송군	청송자연휴양림	자연휴양림	부남면 대전리 산 69-1번지	054-872-3163
	주왕산성천댁	한옥체험	청송읍 청운리 1346번지	010-5607-7272
	송소고택	한옥체험	파천면 덕천리 176번지	054-874-6556
	송정고택	한옥체험	파천면 덕천리 172-1번지	010-8746-6690
	창실고택	한옥체험	파천면 덕천리 209번지	010-8509-2436
	서벽고택	한옥체험	파천면 중평리 378번지	011-748-1387
	찰방공파종택	한옥체험	파천면 덕천리 178-2번지	010-9502-7611
	사남고택	한옥체험	파천면 중평리 395-2번지	010-7252-9253
	㈜주왕산관광호텔	호텔(2등급)	청송읍 월막리 69-2번지	054-874-7000
영양군	이원박고택	한옥숙박시설	석보면 원리리 309번지	054-682-8050 011-527-8168
	병암고택(이병흡고택)	한옥숙박시설	석보면 원리리 311번지	054-682-8050 011-527-8168
	백천한옥	한옥숙박시설	석보면 원리리 300-1번지	010-6530-1111
	석계종택	한옥숙박시설	석보면 원리리 308번지	054-682-1480
	검마산자연휴양림	자연휴양림	수비면 신원리 산 26번지	054-682-9009
영덕군	동해비치관광호텔	관광호텔(3등급)	남정면 남호리 66번지 5호	054-734-5400
	동해해상관광호텔	관광호텔(3등급)	강구면 삼사리 225번지	054-733-5445
	블루오션관광펜션	관광펜션	남정면 남호리 18번지 4호	054-733-7080
	바다빌리지관광펜션	관광펜션	강구면 하저리 14번지 1호	054-734-8282
	우계종택	한옥체험업	창수면 인량리 412-1번지	054-732-7859
	원모재	한옥체험업	창수면 인량리 420번지	054-732-6067
	삼벽당	한옥체험업	창수면 인량리 118번지	010-5006-8118
	칠보산 자연휴양림	자연휴양림	병곡면 영리 칠보산길 587번지	054-732-1607
청도군	용암웰빙스파	관광호텔	화양읍 삼신리 929번지	054-371-5500
	운문산자연휴양림	자연휴양림	운문면 신원리 산 29-6번지	054-371-1323
	선암서원(고택체험)	한옥숙박시설	금천면 신지리 335번지	010-5345-8445
고령군	면유당	한옥체험업	고령읍 중화리 465번지	054-955-9283
	개실마을	한옥체험업	쌍림면 합가리 110번지	054-956-4022

시군	업체명	숙박업형태	소재지	연락처
성주군	대가야관광호텔	관광호텔	수륜면 백운리 1282-4번지	054-931-3500
	아소재	한옥숙박시설	수륜면 신파리 180번지	054-931-7970
	사우당종택	한옥숙박시설	수륜면 수륜리 873번지	054-932-3636
칠곡군	송정자연휴양림	자연휴양림	석적읍 반계리 산9번지 1호	054 -979-6600
예천군	파라다이스호텔	일반호텔	예천읍 노하리 24번지 2호	054-652-1108
	대연호텔	일반호텔	예천읍 동본리 556번지 16호	054-652-0988
	학가산우래자연휴양림	자연휴양림	보문면 우래리 산 60번지	054-652-0114
	사괴당고택	한옥체험업	용문면 상금곡리 430번지	054-654-3002
	덕용재고택	한옥체험업	용문면 상금곡리 518번지	010-9498-7290
	춘우재고택	한옥체험업	용문면 제곡리 197번지	054-655-1717 010-5613-3717
봉화군	권진사댁	한옥숙박시설	춘양면 의양리 233번지	054-672-6118
	해저참판댁	한옥숙박시설	봉화읍 해저리 715번지	017-811-1155
	남호구택	한옥숙박시설	봉화읍 해저리 723번지	010-3311-5279
	만산고택	한옥숙박시설	춘양면 의양리 288번지	054-672-3206
울진군	호텔덕구온천	관광호텔(등급)	북면 덕구리 575번지	054-782-0677
	백암스프링스호텔	관광호텔(등급)	온정면 온정리 968-2번지	054-787-3771
	구수곡자연휴양림	자연휴양림	북면 상당리 273-1번지	054-789-5470
	통고산자연휴양림	자연휴양림	서면 쌍전리 산 150-1번지	054-783-3167
울릉군	울릉마리나관광호텔	관광호텔(등급미정)	울릉읍 사동리 99번지	054-791-0020
	울릉도리조트대아호텔	숙박업	울릉읍 사동리 302-1번지	054-791-8800
	울릉호텔	숙박업	울릉읍 도동리 262-1번지	054-791-6611
	독도게스트하우스	숙박업	울릉읍 도동리 44-2번지	054-791-2941

가이드북 다이어리

다이어리는 일정표로 사용가능합니다.
여행 날짜와 방문한 곳을 메모할 수 있습니다.

경주 양동 향단	11p
DATE	/ / /

경주 종오정	23p
DATE	/ / /

경주 월암재	31p
DATE	/ / /

경주 서악서원	41p
DATE	/ / /

안동 농암종택	53p
DATE	/ / /

안동 군자마을	65p
DATE	/ / /

안동 지례예술촌	75p
DATE	/ / /

안동 묵계서원	85p
DATE	/ / /

안동 치암고택	95p
DATE	/ / /

안동 옥연정사	107p
DATE	/ / /

안동 임청각	117p
DATE	/ / /

안동 북촌댁	127p
DATE	/ / /

영주 만죽재고택	139p
DATE	/ / /

영주 김뢰진 가옥	147p
DATE	/ / /

영주 괴헌고택	157p
DATE	/ / /

문경 지취헌고택	169p
DATE	/ / /

가이드북 다이어리

다이어리는 일정표로 사용가능합니다.
여행 날짜와 방문한 곳을 메모할 수 있습니다.

경산 난포고택	181p
DATE	/ / /

군위 상매댁(남천고택)	193p
DATE	/ / /

의성 운초당	205p
DATE	/ / /

청송 송소고택	217p
DATE	/ / /

청송 서벽고택	227p
DATE	/ / /

청송 청운동 성천댁	237p
DATE	/ / /

영양 석계종택	249p
DATE	/ / /

영양 병암고택	259p
DATE	/ / /

영덕 우계종택	271p
DATE	/ / /

청도 선암서원	283p
DATE	/ / /

고령 화산재·추우재	293p
DATE	/ / /

성주 사우당종택	305p
DATE	/ / /

예천 사괴당고택	319p
DATE	/ / /

봉화 해헌고택	331p
DATE	/ / /

봉화 권진사댁(성암고택)	341p
DATE	/ / /

봉화 만산고택	351p
DATE	/ / /

이야기가 있는 경북한옥여행

발행일	초판 1쇄 인쇄 2012년 1월 25일
	초판 1쇄 발행 2012년 1월 30일
감 수	이수환, 장석하
글 · 사진	이동미, 윤규식, 정철훈, 문일식
기획 및 진행	정우철, 한은희
디자인	임헌우, 김삼영
발행인	신일희
펴낸곳	계명대학교 출판부
주 소	704-701 대구 달서구 달구벌대로 1095
전 화	053-580-6233 **팩 스** 053-580-6235
출판등록	신고번호 제347-1998-1호(1970. 9. 1)
홈페이지	http://www.kmupress.com
제 작	태양문화사

ISBN 978-89-7585-578-8 / 03980

잘못된 책은 교환하여 드립니다.
정가 16,000원

※이 책은 경상북도 보조금 지원사업에 의하여 제작된 책자입니다.

국립중앙도서관 출판시도서목록(CIP)

이야기가 있는 경북한옥여행 / 글 · 사진 : 이동미, 윤규식,
정철훈, 문일식. -- 대구 : 계명대학교출판부, 2012
p. : cm

감수 : 이수환, 장석하
ISBN 978-89-7585-578-8 03980 : ₩ 16,000

한옥 [韓屋]
경상 북도 [慶尙北道]

981.181-KDC5
915.19-DDC21 CIP2012001979